myBook+

Ihr Portal für alle Online-Materialien zum Buch!

Arbeitshilfen, die über ein normales Buch hinaus eine digitale Dimension eröffnen. Je nach Thema Vorlagen, Informationsgrafiken, Tutorials, Videos oder speziell entwickelte Rechner – all das bietet Ihnen die Plattform myBook+.

Ein neues Leseerlebnis

Lesen Sie Ihr Buch online im Browser – geräteunabhängig und ohne Download!

Und so einfach geht's:

- Gehen Sie auf **https://mybookplus.de**, registrieren Sie sich und geben Ihren Buchcode ein, um auf die Online-Materialien Ihres Buchs zu gelangen
- **Ihren individuellen Buchcode finden Sie am Buchende**

Wir wünschen Ihnen viel Spaß mit myBook+!

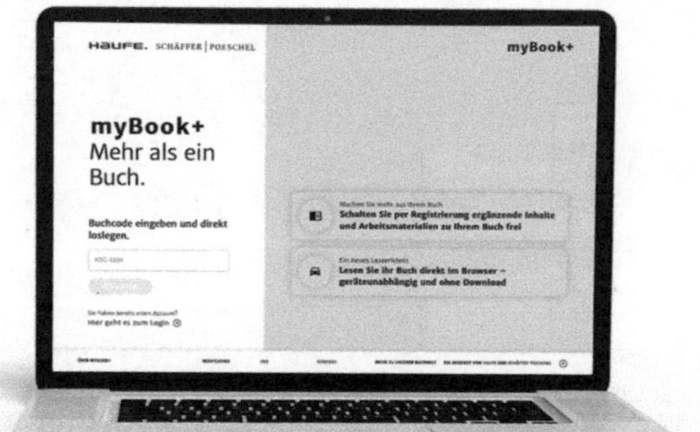

100 Steuertipps und -tricks 2023/24

Simon Neumann

100 Steuertipps und -tricks 2023/24

Einfach Steuern sparen

3., aktualisierte und erweiterte Auflage

Haufe Group
Freiburg · München · Stuttgart

Die Angaben entsprechen dem sorgfältig recherchierten Wissensstand bei Redaktionsschluss am 10. Oktober 2023. Sollten sich danach relevante Änderungen ergeben, finden Sie diese auf myBook+.

Bibliografische Information der Deutschen Nationalbibliothek

Die Deutsche Nationalbibliothek verzeichnet diese Publikation in der Deutschen Nationalbibliografie; detaillierte bibliografische Daten sind im Internet über http://dnb.dnb.de/ abrufbar.

Print: ISBN 978-3-648-17460-9 Bestell-Nr. 13038-0003
ePub: ISBN 978-3-648-17464-7 Bestell-Nr. 13038-0102
ePDF: ISBN 978-3-648-17465-4 Bestell-Nr. 13038-0152

Simon Neumann
100 Steuertipps und -tricks 2023/24
3., aktualisierte und erweiterte Auflage, November 2023

www.haufe.de
info@haufe.de

Bildnachweis (Cover):

Produktmanagement: Mirjam Gabler
Lektorat: Ursula Thum, Text+Design Jutta Cram, www.textplusdesign.de

Inhaltsverzeichnis

Vorwort

Liebe Leserin, lieber Leser,

als ich das erste Mal vor der Aufgabe stand, mich mit der Steuererklärung zu befassen – ich kam direkt aus der Ausbildung und war dabei, mich voller Vorfreude selbstständig zu machen – traf ich auf die vielen Vorschriften und Steuergesetze, die zwar für alle von uns gelten, die aber kaum jemand versteht. Freundinnen und Bekannte konnten mir nicht wirklich weiterhelfen. Warum hatten so viele Menschen keine Lust – und diese Frage drängte sich mir zunehmend auf –, sich mit dieser eigentlich so wichtigen Aufgabe zu befassen: nämlich eine Steuererklärung zu erstellen, um Steuern zu sparen?

Wir verbringen unzählige Stunden unseres Lebens mit Arbeiten und Geldverdienen, aber nur wenig Zeit damit, unsere finanzielle Situation zu verbessern – und vor allem uns das Geld zurückzuholen, das wir als Steuer zu viel gezahlt haben. Statt also die Steuererklärung als lästige Aufgabe zu sehen, die uns einmal im Jahr quälen möchte und von der wir am liebsten die Finger lassen würden, sollten wir sie als unser Recht verstehen und als Chance nutzen.

Du bist zum Glück einen ersten Schritt in diese Richtung gegangen und dazu möchte ich dir gratulieren! Wenn in diesem Buch nur ein paar Tipps für dich dabei sind, die du zukünftig nutzen kannst, um eine höhere Steuererstattung zu erhalten oder damit du einfach Zeit und Geld bei deiner Steuererklärung sparst, dann habe ich mein Ziel erreicht. Dieses Buch soll niemanden zum absoluten Steuerprofi ausbilden, sondern konkrete und leicht verständliche Tipps und Tricks liefern, die man direkt anwenden kann.

Dazu habe ich meine eigenen Erfahrungen aus über 18 Jahren in der Finanz- und Steuerwelt, aber auch Wissen von anderen Steuerexperten und vor allem das Feedback meiner Zuschauer aus Hunderten Erklärvideos mit über 180 Millionen Aufrufen auf TikTok, Instagram und besonders meinem YouTube-Kanal »Finanznerd« zusammengefasst, in einfache Worte verpackt und mit vielen konkreten Anleitungen versehen – das alles ist in diesem einen Buch. Das Großartige ist, du musst nicht zwangsweise jede Seite lesen, sondern kannst dir die Bereiche heraussuchen, die dich betreffen. Natürlich kann es immer sinnvoll sein, über den Tellerrand hinauszuschauen, und vielleicht versteckt sich auch in einem anderen Bereich ein Tipp, der dir oder einem Steuerzahler aus deinem Umfeld helfen kann.

Erfahre außerdem im Kapitel über Steuermythen, warum das Thema Steuererklärung gar nicht so abschreckend sein muss und dass vieles von den negativen Vorstellungen, die wir damit verbinden, einfach nicht stimmt.

Bitte beachte, dass ich kein Steuerberater bin und dieses Buch keine steuerliche Beratung, sondern meine Erfahrungen und Meinungen darstellt – ich habe bewusst versucht, so viele Fachbegriffe (und davon hat das Steuerrecht genug) wie möglich umzuschreiben und in meine Worte zu packen. Außerdem lasse ich häufig Sonderfälle und die vielen speziellen Ausnahmeregelungen weg, damit es für alle auch ohne Vorkenntnisse möglich ist, die Tipps zu verstehen und – ganz wichtig – anzuwenden.

Weil sich an den steuerlichen Regelungen und Gesetzen in Deutschland in den letzten Monaten wieder viel geändert hat, habe ich mich dazu entschieden, eine aktualisierte 3. Auflage herauszubringen. Mit den wichtigsten Änderungen, aber auch gänzlich neuen Steuertipps, die du nutzen kannst, um in Zukunft finanziell noch mehr für dich herauszuholen.

Mein Ansporn ist, dass du die Angst vor der Steuererklärung verlierst, unser Steuersystem an den dich betreffenden Stellen etwas besser verstehst und in Zukunft bewusst deine Chance nutzt, die jede Steuererklärung mit sich bringt.

Danke für dein Vertrauen und danke auch an drei geliebte Herzensmenschen, die ich im Jahr 2021 leider verloren habe und denen ich dieses Buch widme. Alle drei waren großartige Menschen und unendlich stolz auf mich. Sie waren einer der Hauptgründe für den Erfolg des gesamten Projekts »Finanznerd« und haben mich immer motiviert, anderen Menschen zu helfen – sei es mit Erklärvideos, Fachartikeln oder aber im Rahmen von großen Projekten wie diesem Buch. Wir alle sollten das Leben nutzen und ich möchte dir mit diesen Steuertipps zumindest ein kleines Stück weit dabei helfen.

Jetzt aber viel Spaß mit diesem Buch und ganz viel Erfolg bei deiner nächsten Steuererklärung!

Alles Gute!
Simon Neumann

Teil 1: Zehn Steuermythen entlarvt

Einmal Steuererklärung, immer Steuererklärung?!

Egal, mit wem ich mich über das Thema Steuererklärung unterhalte, ich treffe immer wieder auf den Mythos »Wer einmal eine Steuererklärung abgibt, muss das jedes Jahr tun«.

Diese weitverbreitete Annahme führt häufig dazu, dass Menschen sich lieber gar nicht mit ihrer Steuererklärung beschäftigen, aus Angst, jedes Jahr aufs Neue vom Finanzamt dazu gezwungen zu werden. Auch wenn ich ohnehin der festen Überzeugung bin, dass man jedes Jahr freiwillig seinen möglichen Steuererstattungsanspruch zumindest berechnen sollte, kann ich in diesem Punkt Entwarnung geben.

Bei der Abgabe der Steuererklärung gibt es nämlich eigentlich nur zwei Gruppen:
1. Die eine Gruppe ist zur Abgabe einer Steuererklärung verpflichtet.
2. Die andere Gruppe kann – freiwillig – eine Steuererklärung abgeben.

Gehörst du zu Gruppe 1 oder zu Gruppe 2?

Zur ersten Gruppe gehören unter anderem
- Gewerbetreibende, Selbstständige bzw. Freiberufler,
- Verheiratete in den Steuerklassen 3/5 oder 4/4 mit Faktor,
- Rentner (mit einer zu versteuernden Rente, die den Grundfreibetrag übersteigt),
- Menschen mit unversteuerten Einkünften (wie z. B. Mieteinnahmen),
- Menschen mit eingetragenem Lohnsteuerfreibetrag,
- Menschen mit Lohnersatzleistungen, die höher sind als 410 Euro (wie z. B. ALG 1, Kurzarbeiter- oder Elterngeld), sowie
- Menschen mit Nebentätigkeit (Steuerklasse 6).

Gehörst du aber als normaler Angestellter oder als Beamtin, als Azubi oder duale Studentin nicht zu den oben genannten, dann gehörst du zu Gruppe 2 und kannst jedes Jahr aufs Neue selbst entscheiden. Es kann zwar vorkommen, dass du nach einer eingereichten Steuererklärung im nächsten Jahr ein automatisiertes Erinnerungsschreiben bekommst, dann kannst du aber dem Finanzamt schriftlich mitteilen, dass du in diesem Jahr auf eine freiwillige Veranlagung (so heißt die Abgabe der Steuererklärung in der Fachsprache) verzichtest. Dann hast du deine Ruhe.

Steuererklärung lohnt sich nicht!

$

Natürlich gibt es Fälle, bei denen sich das freiwillige Einreichen einer Steuererklärung nicht lohnt, da möchte ich keine Augenwischerei betreiben. Aber: Mit der richtigen Information und den Steuertipps aus diesem Buch kann man die alljährliche Steuererklärung von einer Last zu einem jährlichen finanziellen Sonderbonus umwandeln.

Auch die Statistik bestätigt das. Knapp neun von zehn Einreichern einer Steuererklärung erhalten eine Erstattung – und diese liegt nur bei 8 Prozent unter einem Betrag von 100 Euro, der Rest liegt darüber: In 57 Prozent der Fälle waren es zwischen 100 und 1.000 Euro. Die durchschnittliche Steuererstattung betrug – laut den offiziellen Zahlen des Bundesamtes für Statistik – im Jahr 2022 rund 1.095 Euro. Und das pro Steuererklärung. Jeder Fall ist dabei anders und manchmal beträgt die Erstattung vielleicht nur ein paar Euro, manchmal ein paar Hundert Euro und in einigen Fällen sind sogar auch vierstellige Erstattungen möglich.

Deshalb sollte jeder für sich zumindest einmal im Jahr seinen möglichen Erstattungsanspruch berechnen.

Belege, Belege, Belege!

Belege sind ein Relikt vergangener Tage, denn früher war es tatsächlich deutlich aufwendiger, eine Steuererklärung ordnungsgemäß einzureichen. Doch das ist mittlerweile anders.

Seit dem Steuerjahr 2017 müssen zusammen mit der Steuererklärung nur noch wenige oder gar keine Belege beim Finanzamt eingereicht werden. Das vereinfacht vieles, auch wenn das natürlich nicht heißt, dass man falsche Angaben machen darf. Das Finanzamt ist selbstverständlich nach wie vor berechtigt, Belege nachzufordern, und dann muss man diese auch vorlegen können – aber eben erst auf schriftliche Anforderung des zuständigen Finanzamts und nicht schon feinsäuberlich mit der Steuererklärung.

Da auch die Steuerverwaltung versucht, verstärkt digital zu arbeiten, werden mittlerweile zahlreiche Fälle nur noch durch eine Software mittels Algorithmen überprüft und erst bei Unstimmigkeiten, Auffälligkeiten oder ungewöhnlich hohen Steuererstattungen von einer Sachbearbeiterin oder einem Sachbearbeiter kontrolliert. Es werden zwar auch Stichproben nach dem Zufallsprinzip gemacht, aber bei einer ganz normalen, ordnungsgemäßen Steuererklärung laufen viele Fälle einfach durch, um Zeit und Kosten in der Verwaltung zu sparen.

Das bedeutet für uns definitiv weniger Aufwand und beschleunigt die Anfertigung deutlich.

In Einzelfällen kann es aber dennoch sinnvoll sein, gleich Belege beizufügen bzw. hinterherzuschicken, um Rückfragen zu vermeiden, wie z. B. den Behindertenausweis bei der erstmaligen Beantragung des Behindertenpauschbetrags oder aber die Spendenquittung bei größeren Spenden ab 200 Euro (mehr zum Thema »Spenden absetzen« in Steuertipp 12). Ansonsten ist das aber für die meisten Bereiche nicht vorgesehen und von den Sachbearbeitern auch gar nicht mehr gewünscht.

Gefahr der Steuernachzahlung durch Steuererklärung!

Ein Mythos, den ich gut verstehen kann und der auf den ersten Blick logisch erscheint: Manche befürchten, Steuern nachzahlen zu müssen, wenn sie eine Steuererklärung abgeben. Allerdings kann ich auch hier Entwarnung geben, zumindest wieder für diejenigen, die ihre Steuererklärung freiwillig eingereicht haben und zu Gruppe 2 gehören (siehe erster Steuermythos).

Sollte nämlich das Finanzamt in einem solchen Fall einen Steuerbescheid erstellen, in dem eine Nachzahlung gefordert wird, dann hat man das Recht, seine Steuererklärung auch wieder nachträglich zurückzuziehen (geregelt im § 46 Abs. 2 Nr. 8 EStG).

Dazu genügt ein einfaches Einspruchschreiben, das folgenden Inhalt haben könnte:

Einspruchschreiben

Sehr geehrte Damen und Herren,

mit diesem Schreiben lege ich Einspruch gegen den Einkommensteuerbescheid vom [TT.MM.JJJJ] ein.

Meinen Antrag auf freiwillige Veranlagung nehme ich nach § 46 Abs. 2 Nr. 8 EStG zurück.

Des Weiteren beantrage ich die Aussetzung der Vollziehung.

Freundliche Grüße

[Vorname Nachname]

Man muss also vor einer Nachzahlung keine Angst haben, wenn man die Steuererklärung freiwillig eingereicht hat.

Hohe Steuererstattung nur bei hohen Einkünften!

$

Eine Aussage, die zunächst total plausibel klingt: Auf eine hohe Steuererstattung können nur diejenigen hoffen, die auch hohe Einkünfte haben. Aber auch hier kann ich Entwarnung geben, denn in vielen Fällen ist es genau andersherum und eine Steuererklärung kann sich gerade bei einem geringeren Einkommen lohnen. Wie im Steuertipp 1 in diesem Buch zum Grundfreibetrag erklärt, sind Einkünfte bis 10.908 Euro im Jahr 2023 komplett einkommensteuerfrei. Liegt jemand demnach mit seinem zu versteuerndem Einkommen nach Abzug von Werbungskosten, Vorsorgeaufwendungen, Sonderausgaben & Co. unter diesem Betrag, bekommt er oder sie die gezahlte Einkommensteuer erstattet.

Besonders lohnend kann das sein, wenn jemand nicht das ganze Jahr durchgearbeitet hat, weil er oder sie z. B. aus einer Ausbildung kam, vorübergehend arbeitssuchend oder länger krank war. In den anderen Monaten hat der Arbeitgeber aber dennoch ganz normal die Lohnsteuer ans Finanzamt gezahlt, so als hätte der oder die Betreffende das gesamte Jahr normal verdient.

Ein weiterer Fall, in dem sich die Steuererklärung trotz insgesamt eher geringer Einkünfte lohnen kann, tritt ein, wenn jemand Kapitalerträge von über 1.000 Euro erzielt hat, auf die dann eigentlich die Kapitalertragsteuer in Höhe von 25 Prozent (plus Solidaritätszuschlag und eventuell Kirchensteuer) abgeführt würden. Hat der oder die Betreffende aber aufgrund der eigenen Einkünfte einen niedrigeren persönlichen Steuersatz, kann im Rahmen der Steuererklärung die sogenannte Günstigerprüfung beantragt werden. Das Finanzamt wendet dann den günstigeren Steuersatz auf die Kapitalerträge an.

Außerdem hat eine statistische Auswertung von mehreren Hunderttausenden Steuerfällen eines führenden Anbieters für Online-Steuererklärungen ergeben, dass die höchsten Erstattungen im Schnitt nicht von den Finanzämtern aus München, Hamburg oder Stuttgart stammen, sondern aus dem Saarland und Rheinland-Pfalz. Gleichzeitig findet man in der Auflistung der Finanzämter mit den niedrigsten Erstattungen den Großteil aus Bayern und Baden-Württemberg, d. h. aus Regionen, in denen tendenziell höhere Einkommen erwartet werden. Das sind zwar keine offiziellen Zahlen der Ämter, aber schon sehr aussagekräftige.

Eine Steuererklärung lohnt sich also nicht in jedem Fall, aber in viel mehr Fällen, als man denkt. Noch immer werden jährlich schätzungsweise 500 Millionen Euro an möglicher Steuererstattung nicht abgerufen, weil zu viele Steuerzahler keine Steuererklärung abgeben und damit ihr Recht nicht wahrnehmen.

Steuererklärung ist nur was für Profis bzw. Steuerberater!

Gegen den Glauben, Steuererklärungen seien nur etwas für Profis wie Steuerberater, versuche ich seit Jahren mit unseren Videos, den Blogartikeln und nun auch mit diesem Buch anzukämpfen. Auch ich habe das zu Beginn meiner Karriere so empfunden und daran geglaubt. Da ich aber verstehen wollte, warum ich jährlich Tausende von Euros bezahlen soll, packte mich zum Glück der Ehrgeiz und ich merkte schnell, dass es eigentlich häufig gar nicht so schwer ist, wie man zunächst denkt.

Mit Sicherheit bringen Steuererklärung und Buchhaltung bei Selbstständigen und Firmen andere Anforderungen mit sich als eine Einkommensteuererklärung eines Angestellten ohne Zusatzeinkünfte. Bei Sonderfällen, wie Erbschaft, Vermietung mehrerer Immobilien oder auch bei hohen Pflege- oder Krankheitskosten, kann ein Steuerberater eine wertvolle Unterstützung sein. Aber in vielen Fällen kann die Steuererklärung selbstständig erstellt werden – und du wirst hoffentlich durch das Buch und etwas Engagement zu dieser Kategorie gehören. In meinem Umfeld und der Community berichten mir Menschen regelmäßig, dass sie durch meine Tipps und Videos ihre Steuererklärung in einer Stunde oder sogar noch weniger komplett anfertigen konnten. Das ist zwar zugegeben schon sehr schnell, aber durchaus machbar.

Achte also auf die Komplexität deines Steuerfalls. Ich traue allen zu, als Privatperson die Steuern selbst in die Hand nehmen zu können.

Und wer es nicht ganz auf sich allein gestellt versuchen möchte, kann ja auch zu einer der vielen Steuererklärungsprogramme oder Online-Lösungen greifen, die meist durch den eigenen Fall führen und an den entsprechenden Stellen nützliche Tipps liefern. Die Kosten dafür kann man sogar gleich von der Steuer absetzen. Wer kein Geld ausgeben möchte, für den bleibt die offizielle Variante »Elster online«, auf die ich auch in diesem Buch verweisen werde. Ich zeige, wo und wie man dort seine Angaben macht.

Nur ein Jahr Zeit?

Was Steuern und die Steuererklärung angeht, gibt es viele Fristen zu beachten.

Ich habe bereits gezeigt, dass es zwei Gruppen bei der Abgabepflicht einer Steuererklärung gibt: die Verpflichteten und die Freiwilligen.

Für jede Gruppe gilt eine eigene Frist, bis wann die Steuererklärung abgegeben sein muss:

1. Die Verpflichteten haben in der Regel bis zum 31.07. des Folgejahres Zeit (Ausnahmen: Steuererklärung 2022 bis 02.10.2023, Steuererklärung 2023 bis 02.09.2024, danach wieder der 31.07. des Folgejahres).
2. Die Gruppe der Freiwilligen hat sogar ganze vier Kalenderjahre rückwirkend Zeit.

Das bedeutet, dass eine freiwillige Abgabe z. B. im Jahr 2023 noch für die Jahre 2022, 2021, 2020 und 2019 möglich ist. Im Idealfall kann man also eine richtig hohe Erstattung bekommen, wenn man beim ersten Mal gleich vier Steuererklärungen einreicht.

Wichtig: Für jedes Jahr muss eine eigenständige Steuererklärung eingereicht werden (man darf die Jahre nicht zusammenfassen).

Das Finanzamt hat immer recht!

Das Finanzamt strahlt seit jeher aufgrund seiner Stellung eine gewisse Autorität aus und dadurch hat sich eine Art unterwürfiger Haltung bei uns Steuerzahlern etabliert.

Was viele aber nicht wissen: Ein nicht unerheblicher Teil der Steuerbescheide ist schlicht falsch. Es gibt dazu Schätzungen, dass dies jeden dritten Bescheid betreffen könnte. Zu jedem Einkommensteuerbescheid gibt es aber auch ein Widerspruchsrecht – und das sollte man bei Fehlern nutzen und um Korrektur bitten. Häufig werden Kosten abgelehnt, die aber später mit Begründung und Nachweis doch wieder angerechnet werden.

Mein Tipp: Lies deinen Steuerbescheid ganz genau – und besonders die letzten Seiten. Dort findest du, was der Sachbearbeiter aus deiner Erklärung gestrichen oder nur abweichend akzeptiert hat – sogar mit einer kurzen Begründung.

Meine Steuererklärung macht …

Den Satz »Meine Steuererklärung macht …« habe ich schon so oft gehört in meinem Leben, wenn ich mich mit anderen unterhalte. Und er wird dann ergänzt mit: mein Finanzberater, ein Kumpel, die Freundin eines Freundes (denn sie arbeitet bei einem Steuerberater oder gar im Finanzamt). Das sind nur ein paar Beispiele, aber im Kern geht es darum, dass jemand anderes die Steuererklärung anfertigt, der das als eine Art »Freundschaftsdienst« oder wie bei den Finanz- und Versicherungsberatern als zusätzliches Verkaufsargument für die eigenen Dienste anbietet – sei es mit oder ohne Entlohnung. Doch das ist vielfach streng verboten. So dürfen rechtlich betrachtet nur Steuerberater, Lohnsteuerhilfevereine, Rechtsanwälte, Wirtschaftsprüfer und vereidigte Buchprüfer steuerlich beraten! Wer dagegen verstößt, dem droht im schlimmsten Fall ein Bußgeld.

Eine Ausnahme besteht allerdings für enge Verwandte nach § 15 Abgabenordnung. Diese dürfen unentgeltlich bei der Steuererklärung helfen oder Tipps geben. Dazu zählen:

1. Verlobte,
2. Ehegatten oder Lebenspartner,
3. Verwandte und Verschwägerte gerader Linie,
4. Geschwister,
5. Kinder der Geschwister,
6. Ehegatten oder Lebenspartner der Geschwister und Geschwister der Ehegatten oder Lebenspartner,
7. Geschwister der Eltern,
8. Pflegeeltern und Pflegekinder.

Lohnersatzleistungen sind doch steuerfrei!

Besonders seit 2020 haben die sogenannten Lohnersatzleistungen deutlich mehr Aufmerksamkeit bekommen, als vielen lieb war. Dazu zählen nämlich neben Arbeitslosengeld I, Mutterschafts- und Elterngeld das Insolvenzgeld und auch das Kurzarbeitergeld. Zwar sind diese Gelder an sich steuerfrei, sie haben aber dennoch zwei steuerliche Auswirkungen, die vielen nicht bekannt sind, die man aber unbedingt kennen sollte.

Denn auch wenn man auf die Lohnersatzleistungen selbst keine Steuern zahlt, sorgen sie ab einem Betrag von 410 Euro innerhalb eines Jahres dafür, dass man verpflichtet ist, für dieses Kalenderjahr eine Steuererklärung abzugeben.

Der zweite Effekt ist die mögliche Erhöhung des persönlichen Steuersatzes durch die Summe der Lohnersatzleistungen. Sie erhöhen zwar nicht das zu versteuernde Einkommen, aber sie werden bei der Berechnung des anzuwendenden Steuersatzes auf die restlichen Einkünfte berücksichtigt. Hatte eine ledige Person innerhalb eines Jahres also beispielsweise ein zu versteuerndes Einkommen von 27.600 Euro, müsste sie hierauf einen Steuersatz von 15 Prozent zahlen. Hätte diese Person nun aber noch Lohnersatzleistungen im selben Jahr von zusätzlich 4.300 Euro bekommen, dann würde das Finanzamt nicht mehr den Steuersatz von 15 Prozent anwenden, sondern von 17 Prozent, da dieser einem Einkommen in Höhe von 31.900 Euro entspricht. Die so errechneten 17 Prozent werden aber nicht auf die kompletten 31.900 Euro angewandt, sondern nur auf das steuerpflichtige Einkommen, also auf 27.600 Euro. Fachlich ausgedrückt spricht man dabei vom »Progressionsvorbehalt«.

Wer also Lohnersatzleistungen von insgesamt 410 Euro oder mehr bekommen hat, muss sich um seine Steuererklärung kümmern und diese steuerfreien Einkünfte dennoch angeben. Das Finanzamt bekommt die Werte übrigens elektronisch von der jeweiligen Stelle gemeldet – Weglassen oder Nichtbeachten bringen nichts!

Damit die Erstattung trotzdem möglichst hoch ausfällt, folgen in den nächsten Kapiteln konkrete Tipps zum Steuernsparen. Viel Erfolg!

Teil 2: Steuern sparen

Steuertipp 1

Grundfreibetrag – der geht alle an!

Der wichtigste Freibetrag ist für die meisten Steuerzahler der Grundfreibetrag. Alle Einkünfte, die unter diesem jährlich neu festgelegten Betrag liegen, sind **komplett einkommensteuerfrei**. Da ist es egal, ob es sich um Einkünfte aus einem Angestelltenverhältnis, einer selbstständigen und gewerblichen Tätigkeit, um Mieteinkünfte oder Rentenzahlungen handelt.

Liegt jemand – alles zusammengerechnet und nach Abzug der absetzbaren Kosten und Pauschbeträge – mit dem zu versteuernden Einkommen unter diesem Betrag, muss er oder sie keine Einkommensteuer zahlen. Und wer eventuell bereits Steuern gezahlt hat, bekommt sie wieder zurück.

Steuerpflichtige mit geringen Einkünften können vom Grundfreibetrag profitieren, wenn sie z. B. nicht das ganze Jahr über gearbeitet haben, weil sie vorher ein Studium oder eine Ausbildung absolviert haben oder in Elternzeit oder arbeitssuchend waren. Beginnt jemand dann bei einem neuen Arbeitgeber, kennt dieser die vorherige Einkommenssituation in der Regel nicht exakt und wird häufig eben nur ein Zwölftel des Grundfreibetrags bei der monatlichen Gehaltszahlung berücksichtigen. Die Folge: Es wird oft zu viel Lohnsteuer vom Gehalt abgezogen, die man sich unbedingt mit einer Steuererklärung zurückholen sollte.

Grundsätzlich wird der Grundfreibetrag automatisch von Finanzamt und Arbeitgeber berücksichtigt. Dafür muss kein extra Antrag gestellt oder einen Haken in der Steuererklärung gesetzt werden. Aber bei schwankenden oder – wie oben erklärt – nicht durchgängigen Einkünften wird der Grundfreibetrag erst mit der Steuererklärung vollständig auf alle Einkünfte des Jahres angerechnet – und es werden zu viel gezahlte Steuer erstattet.

Höhe des Grundfreibetrags		
Steuerjahr	**Ledige**	**Verheiratetes Paar**
2023	10.908 Euro	21.816 Euro
2022	10.347 Euro	20.694 Euro
2021	9.744 Euro	19.488 Euro
2020	9.408 Euro	18.816 Euro
2019	9.168 Euro	18.336 Euro

Steuertipp 2

Erholungsbeihilfe – ab in den Urlaub

Ab in den Urlaub und der Arbeitgeber zahlt – ein Traum für alle Arbeitnehmer, der aber gar nicht mal unrealistisch ist, wenn du diesen Steuertipp hier kennst.

Im Gesetz findet man dazu die sogenannte Erholungsbeihilfe. Klingt so ähnlich wie das viel bekanntere Urlaubsgeld, hat aber zwei große Vorteile für dich bzw. deinen Arbeitgeber: Zum einen bekommst du die Erholungsbeihilfe ohne Abzug von Steuer und Sozialabgaben ausbezahlt und zum anderen spart sich dein Arbeitgeber den Arbeitgeberanteil an Sozialabgaben und muss die Leistung nur pauschal mit 25 Prozent sowie Solidaritätszuschlag und eventueller Kirchensteuer versteuern. Dein Arbeitgeber kann dann sowohl die Erholungsbeihilfe als auch die Pauschalsteuer vollständig als Betriebsausgaben absetzen.

Dabei gelten folgende Höchstgrenzen pro Jahr:

Für den Arbeitnehmer:	156 Euro
Für den Ehe-/Lebenspartner:	104 Euro
Für jedes Kind:	52 Euro

Eine vierköpfige Familie könnte somit jährlich 364 Euro als Erholungsbeihilfe erhalten. Würde man versuchen, denselben Betrag netto bei Beschäftigten über das Urlaubsgeld ankommen zu lassen, dann müsste der Arbeitgeber dafür insgesamt mit Sozialabgaben brutto 800 Euro aufwenden. Für die Erholungsbeihilfe sind es nur rund 460 Euro an Gesamtaufwand und damit ein tolles Argument gegenüber dem Arbeitgeber.

Rechtlich gesehen steht dem Ehe-/Lebenspartner übrigens der gleiche Betrag zusätzlich zu, sollte auch er arbeiten. Dann wären es für die Beispielfamilie zusammen immerhin 728 Euro, die die Urlaubskasse spürbar aufbessern.

Wichtig: Die Erholungsbeihilfe darf nur einmal im Jahr, in zeitlichem Zusammenhang zu einem Urlaub (drei Monate vor oder nach Antritt des Urlaubs) und immer nur zusätzlich zum Lohn und nicht stattdessen gezahlt werden.

Steuertipp 3

Sachzuwendungen – einkaufen und tanken

Geschenke bekommen wahrscheinlich alle von uns gern. Umso erstaunlicher finde ich es immer wieder, wie viele Angestellte das steuerliche Geschenk ihres Arbeitgebers in Form einer Sachzuwendung nicht in Anspruch nehmen. Auch wenn du das bei einem Geschenk im ursprünglichen Sinn nicht machen solltest, in diesem Fall ist es ratsam, aktiv auf den Arbeitgeber zuzugehen und danach zu fragen. Denn tatsächlich ist es finanziell für alle Beteiligten vorteilhaft – auch die Chefin oder der Chef kann damit Steuern sparen.

Ab dem Jahr 2022 dürfen Beschäftigte monatlich bis zu 50 Euro als Sachzuwendung zusätzlich zum Lohn erhalten. Und das ist für sie oder ihn komplett steuerfrei. Damit der Betrag steuerlich gefördert wird, darf er aber nicht bar oder mit dem Gehalt als echte Geldleistung ausgezahlt werden. Stattdessen sind z. B. Tank- oder Gutscheinkarten möglich.

Es gibt hierfür spezielle Anbieter, die Karten zur Verfügung stellen, auf die der Arbeitgeber bis zu 50 Euro monatlich einzahlen kann. Das Geld kann auf der Karte als Guthaben gesammelt werden. Eingelöst werden kann es bei Hunderten oder sogar Tausenden von Geschäften, Onlineshops und Ähnlichem. So sind dann auch größere Anschaffungen möglich.

Wie erwähnt haben alle finanziell etwas davon, denn die Beschenkten müssen darauf keine Steuern und Sozialabgaben zahlen. Die schenkende Firma darf die entstandenen Aufwendungen (also z. B. die 50 Euro plus eventuelle Gebühren für die erwähnte Guthabenkarte) auf der anderen Seite komplett als Betriebsausgabe absetzen und muss ebenfalls auf diesen Betrag keine Steuern und Sozialabgaben abführen.

Wichtig: Der Betrag darf nicht anstatt des Lohnes, sondern nur immer nur zusätzlich gewährt werden. Man darf also ausdrücklich nicht einfach den Bruttolohn um 50 Euro reduzieren und dafür die Sachzuwendung nutzen – das ist nicht gestattet. Außerdem handelt es sich bei dem Betrag um eine Freigrenze. Das bedeutet, dass der Wert der Sachzuwendung innerhalb eines Monats nicht einmal um einen Cent höher sein darf als die Höchstsumme von 50 Euro, da sonst die gesamte steuerliche Besserstellung komplett entfällt.

Steuertipp 4

Sachzuwendung – privater Internetzugang

Neben der Sachzuwendung in Form von Gutscheinen aus dem vorherigen Steuertipp 3 gibt es weitere vorteilhafte Möglichkeiten in diesem Bereich. Eine davon betrifft völlig alltägliche Kosten, die fast alle von uns haben. So kann dir dein Arbeitgeber einen sogenannten Barzuschuss für deinen privaten Internetzugang zu Hause zahlen – und das wiederum ohne steuerliche Abzüge oder Sozialabgaben für dich, also brutto wie netto. Dafür gelten lediglich zwei Voraussetzungen:

1. Die Beschäftigten müssen bestätigen, dass ihr oder ihm tatsächlich privat solche Kosten entstehen, und das mindestens in Höhe des Zuschusses.
2. Der Zuschuss muss zusätzlich zum Lohn gezahlt werden.

Als Zuschuss können auch hier wiederum bis zu 50 Euro gezahlt werden. Auch wenn keine Pflicht zur direkten Vorlage von Rechnungen als Nachweis der Kosten besteht, sollten diese für mögliche Rückfragen seitens des Finanzamts natürlich dennoch vorliegen!

Besonders interessant wird diese Steuersparmöglichkeit für alle Seiten, wenn der Zuschuss statt oder als Teil einer Gehaltserhöhung gezahlt wird. Denn die Leistungen sind nicht nur für Beschäftigte frei von Sozialabgaben, sondern auch der Arbeitgeber spart sich seine Arbeitgeberbeiträge. Außerdem muss er auch hier, wie bei den Erholungsbeihilfen aus Steuertipp 2, nur 25 Prozent Pauschalsteuer plus Solidaritätszuschlag und eventuelle Kirchensteuer entrichten – der Zuschuss kostet ihn also deutlich weniger als der normale Lohn bei einer Gehaltserhöhung.

Steuertipp 5

Sachzuwendung – Smartphone und Mobilfunkvertrag

Um in der heutigen Zeit erreichbar zu sein und auch unterwegs das Internet zu nutzen, sind Handys, Smartphones und dazugehörige Verträge unabdingbar – und aus unserem Alltag nicht wegzudenken. Auch an diesen Kosten kann sich der Arbeitgeber beteiligen im Rahmen der steuerlich begünstigten Sachzuwendungen. Dazu gibt es zwei einfache Wege.

Zum einen kann der Arbeitgeber auf seinen Namen ein Smartphone bzw. Handy und zusätzlich oder damit zusammenhängend einen Mobilfunkvertrag abschließen und diesen dann samt Gerät den Beschäftigten kostenlos und steuerfrei zur Verfügung stellen (nicht schenken!). Eine mögliche private Nutzung des Geräts oder Vertrags muss nicht berücksichtigt werden und wird nicht von den Leistungen abgezogen. Arbeitnehmende sparen dadurch im Idealfall die Kosten für die Anschaffung eines Geräts und die monatlichen Kosten für einen Mobilfunkvertrag. Der Arbeitgeber hingegen muss darauf lediglich wieder pauschal Steuern in Höhe von 25 Prozent plus Solidaritätszuschlag und eventuell Kirchensteuer abführen und darf dann die entstandenen Gesamtkosten als Betriebsausgabe absetzen.

Zum anderen kann, wer bereits ein eigenes Gerät besitzt und einen privaten Handyvertrag hat, mit dem Arbeitgeber alternativ auch die Teilübernahme der privaten Kosten vereinbaren. Maximal sind dann allerdings nur 20 Prozent der Aufwendungen und bis zu 20 Euro monatlich als steuerfreie Erstattung an Beschäftigte möglich.

Beide Möglichkeiten sind übrigens zusätzlich zu den anderen genannten Sachzuwendungen aus Steuertipp 3 und 4 nutzbar. Wer das alles mit seinem Arbeitgeber zusammen richtig kombiniert, der kann auf diese Weise ordentlich Abgaben und Steuern sparen.

Steuertipp 6

Steuerfreies Mittagessen

Essen müssen wir alle, das steht außer Frage, aber auch hier gibt es steuerlich eine außerordentlich lohnenswerte Regelung, die du nutzen kannst, zumindest wenn dein Arbeitgeber keine Kantine anbietet oder die Beschäftigten anderweitig verköstigt. Dann sind nämlich bis zu 6,90 Euro pro Tag ohne Abzug von Steuern und Sozialabgaben für den Arbeitnehmer möglich. Solange dieser Tagessatz für maximal 15 Tage im Monat gezahlt wird, muss der Arbeitgeber nicht mal nachweisen, ob der Beschäftigte an den entsprechenden Tagen wirklich gearbeitet hat. Und 6,90 Euro mal 15 Tage ergeben zusammen immerhin 103,50 Euro netto mehr in der Tasche.

Das Schöne ist: Auch der Arbeitgeber spart gegenüber einer normalen Gehaltserhöhung. So muss er wieder nur die 25 Prozent Pauschalsteuer zahlen, und das sogar nur auf 3,80 Euro am Tag – im Monat sind das also bei 15 Tagen ein finanzieller Aufwand von alles in allem 117,75 Euro für den Arbeitgeber (plus eventuell noch ein paar Euro für einen Anbieter, der das digital für ihn abwickelt). Eine Gehaltserhöhung um denselben Nettobetrag läge bei rund 235 Euro finanziellem Gesamtaufwand für den Arbeitgeber.

Und das Geld kann für Essen in Supermärkten, vom Lieferdienst, Bäckereien, Restaurants, Imbiss und Ähnlichem ausgegeben werden – besser geht es kaum!

Dafür schließt der Arbeitgeber mit den Beschäftigten einfach eine Zusatzvereinbarung, in der festgelegt wird, wie häufig der Arbeitnehmer den Essenszuschuss pro Monat in Anspruch nehmen kann und wie hoch dieser Zuschuss pro Tag ist.

Steuertipp 7

Aufmerksamkeiten – noch ein Grund zum Feiern

Gründe zum Feiern gibt es ja viele und hierfür hält eine Verwaltungsregel ein kleines, aber feines Geschenk für uns bereit. Nicht monatlich, wie bei den Sachzuwendungen, aber so, wie die Feste fallen, sind auch die sogenannten Aufmerksamkeiten ein Grund zur Freude. Es dürfen nämlich Aufmerksamkeiten bis zu einem Bruttobetrag von 60 Euro pro Anlass steuerfrei an Mitarbeiterinnen und Mitarbeiter verschenkt werden.

Solche individuellen Anlässe können privater oder beruflicher Natur sein, wie zum Beispiel:

- Hochzeit
- Geburt eines Kindes
- silberne oder goldene Hochzeit
- Kommunion, Konfirmation oder Taufe des Kindes
- der eigene Geburtstag
- rundes Dienstjubiläum
- Diensteinführung
- Amts- oder Funktionswechsel
- Verabschiedung von Mitarbeitenden

Auch hier gelten folgende Regeln: Die Freigrenze von 60 Euro darf nicht – auch nicht um einen Cent – überschritten werden. Die Aufmerksamkeit muss zusätzlich und nicht statt des Lohnes fließen. Es darf sich bei der Aufmerksamkeit nicht um Geld handeln, sondern es muss eine Sache sein (wie z. B. Getränke, Verpflegung, Gutscheine, Blumen, Pralinen etc.).

Anders als bei den regelmäßigen Sachzuwendungen aus dem vorherigen Steuertipp gibt es übrigens keine Begrenzung der Häufigkeit. So können auch bei Vorliegen von zwei oder mehr individuellen Anlässen innerhalb eines Monats jeweils die 60 Euro brutto pro Anlass vollständig ausgeschöpft werden.

Findet die Geschenkübergabe auf einer Betriebsveranstaltung statt, so erhöht sich die Freigrenze pro Mitarbeiter sogar von 60 Euro auf 110 Euro, wobei die dortige Verköstigung anzurechnen ist und maximal zwei Veranstaltungen pro Jahr begünstigt sind.

Steuertipp 8

Heiraten und Steuern sparen (Ehegattensplitting)

Bei einer Hochzeit sollte natürlich immer die Liebe im Vordergrund stehen, aber Fakt ist, dass verheiratete Paare und eingetragene Lebenspartner durch das sogenannte Ehegattensplitting häufig steuerliche Vorteile haben.

Das liegt daran, dass in unserem Steuersystem mit wachsendem zu versteuerndem Einkommen auch der prozentuale Steuersatz steigt. Liegt das zu versteuernde Einkommen unter dem bereits erwähnten Grundfreibetrag, gilt ein persönlicher Steuersatz von 0 Prozent, weil ja keine Steuern zu zahlen sind. Müssen hingegen 36.900 Euro versteuert werden, so liegt der eigene Einkommensteuersatz schon bei 20 Prozent. Bei einem zu versteuernden Einkommen von 123.600 Euro sind bei einer ledigen Person 35 Prozent ans Finanzamt abzuführen.

Beim Ehegattensplitting werden die Einkommen der beiden Partner nun eben nicht mehr einzeln versteuert, sondern sie werden zusammengerechnet und dann wird steuerlich so getan, als hätte jeder Partner die Hälfte davon verdient.

Hierzu ein Beispiel mit zwei Berechnungen mittels konkreter Zahlen: Partner A verdient 60.000 Euro und Partner B verdient 20.000 Euro pro Jahr. Sind beide unverheiratet und versteuern ihr Einkommen somit einzeln, dann zahlt Partner A 15.932 Euro und Partner B 2.207 Euro, zusammen also 18.139 Euro. Sind die beiden aber verheiratet und nutzen das Ehegattensplitting, dann rechnet man zunächst die 60.000 Euro und die 20.000 Euro zusammen und tut nun steuerlich so, als hätte jeder der beiden 40.000 Euro (also die Hälfte von 80.000 Euro) verdient. Dies ergäbe eine gemeinsame Steuerlast von 8.246 Euro + 8.246 Euro = 16.492 Euro und dadurch einen Steuervorteil von 1.647 Euro pro Jahr. Und je größer der Unterschied beim Gehalt ist, desto größer ist der Steuervorteil – verdienen beide gleich viel, hebt sich dieser auf.

Status	Person	Einkommen	Steuersatz	Steuerlast	Summe
Unverheiratet	Partner A	60.000 Euro	27 Prozent	15.932 Euro	18.139 Euro
	Partner B	20.000 Euro	11 Prozent	2.207 Euro	
Verheiratet	Partner A	40.000 Euro	21 Prozent	8.246 Euro	16.492 Euro
	Partner B	40.000 Euro	21 Prozent	8.246 Euro	

Steuertipp 9

Steuerklassenkombination 4/4 oder 3/5

Dieser Steuertipp ist auch schon fast ein kleiner Steuermythos, um den sich viele Meinungen ranken. Es geht dabei um die Möglichkeit, als verheiratetes Paar statt der zunächst üblichen Steuerklassenkombination 4 und 4 auf Antrag beim Finanzamt besser die Kombination 3 und 5 zu wählen und dadurch Steuern zu sparen.

Auf den ersten Blick mag das gerade bei Paaren, die unterschiedlich viel verdienen, auch der Fall sein. Dem besser verdienenden Partner der beiden wird dadurch in der Steuerklasse 3 nämlich der steuermindernde Grundfreibetrag des anderen Partners in Höhe von derzeit 10.908 Euro zusätzlich angerechnet, wodurch dieser deutlich weniger Steuern zahlen muss. Der andere (weniger verdienende) Partner verliert in der Steuerklasse 5 dafür zwar seinen Grundfreibetrag in der Steuerkalkulation und muss deshalb etwas mehr Steuern zahlen – es handelt sich also um ein Wechselspiel. Die Kombination der Steuerklassen 3 und 5 führt in der Praxis (bei unterschiedlichen Einkommen) dazu, dass ein Partner jeden Monat netto mit der Gehaltsabrechnung oder Bezügemitteilung mehr ausgezahlt bekommt und der andere weniger. Insgesamt ergibt sich dadurch zunächst ein Steuervorteil auf den einzelnen Monat betrachtet, wodurch mehr Geld monatlich zur Verfügung steht.

Nun kommt das sprichwörtliche Aber und ein Fakt, der vielen nicht bewusst ist. Die eben genannte Aufteilung und Anrechnung des Grundfreibetrags beim Partner in der Steuerklasse 3 und dem Verlust desselbigen in der Steuerklasse 5 wird nämlich im Rahmen der Steuererklärung wieder aufgehoben. Hat man dann keine anderen absetzbaren Kosten in größerem Umfang, kann das zu einer Steuernachforderung seitens des Finanzamts führen. Außerdem sorgt die Kombination von 3 und 5 dafür, dass man zur Abgabe einer Steuererklärung verpflichtet ist.

Wichtig: Schlussendlich zahlt man aber in beiden Fällen als Paar den gleichen Betrag an Einkommensteuer und es ergibt sich schlichtweg kein Steuervorteil.

Plant man allerdings den Bezug von Elterngeld, das sich nach dem vorherigen Nettoeinkommen richtet, kann eine Steuerklassenaufteilung 3 und 5 helfen, künstlich das Nettogehalt etwas zu erhöhen und dadurch später mehr Elterngeld zu erhalten.

Steuertipp 10

Freibetrag eintragen – jeden Monat mehr netto

Mithilfe der Steuertipps aus diesem Buch kann eine möglichst hohe Steuererstattung in der Steuererklärung erzielt werden – davon bin ich überzeugt.

Wer allerdings nicht bis zum nächsten Jahr bzw. bis zum nächsten Steuerbescheid warten und steuerliche Vorteile gleich nutzen möchte, für den ist dieser Steuertipp sehr nützlich. Voraussichtlich anfallende Kosten (also Werbungskosten, Sonderausgaben, außergewöhnliche Belastungen etc.) können bereits vorab mithilfe eines Lohnsteuerfreibetrags direkt angerechnet werden. Im Ergebnis bedeutet das Monat für Monat mehr Nettogehalt, weil der Arbeitgeber die angesetzten Kosten gleich bei der Lohnabrechnung berücksichtigt.

Damit sich der Aufwand aber auch lohnt und der steuerliche Vorteil spürbar ist, müssen dafür voraussichtlich mindestens 600 Euro an absetzbaren Mehrkosten anfallen. Die Betonung liegt dabei auf »voraussichtlich«, denn niemand weiß im Vorfeld, welche Kosten er oder sie haben wird. Wer diesen Steuervorteil nutzen möchte, stellt hierzu einen Antrag auf Lohnsteuerermäßigung und trägt dort die erwarteten Kosten ein. Im Bereich der Werbungskosten wird automatisch der Arbeitnehmerpauschbetrag in Höhe von 1.230 Euro angerechnet, weshalb in diesem Bereich mindestens 1.830 Euro an Mehrkosten anfallen müssen, wenn jemand nur auf den Werbungskosten beruhend einen Freibetrag eintragen lassen möchte.

Da die auf Antrag eingetragenen Kosten aber wie erwähnt nur voraussichtlich sind und der Steuervorteil direkt mit der Gehaltsabrechnung im Voraus ausgezahlt wird, besteht auf der anderen Seite die Verpflichtung, im Folgejahr eine Steuererklärung abzugeben und die dann wirklich angefallenen exakten Kosten anzugeben. Sind die Kosten dann wider Erwarten nicht eingetroffen, kann es zu einer Steuernachzahlung kommen – dieses Risiko besteht. Waren die Kosten sogar höher, erhält man dafür natürlich dennoch eine Steuererstattung. Der Steuervorteil wird also lediglich zeitlich nach vorne verschoben – es fallen insgesamt immer Steuern in gleicher Höhe an.

Wer aber eben nicht warten möchte, kann so früher zu einer Erstattung kommen.

Steuertipp 11

Kirchensteuer

Ja, Überraschung: Die innerhalb eines Steuerjahres gezahlte Kirchensteuer mindert tatsächlich das zu versteuernde Einkommen und spart dort einen kleinen Teil an Steuern ein.

Diese Anrechnung erfolgt in der Steuererklärung automatisch: Sobald im Hauptvordruck ausgewählt ist, dass man einer Religion angehört, werden auch die Felder zur Eintragung der gezahlten Kirchensteuer zu Pflichtfeldern. Die Höhe der gezahlten Kirchensteuer ist ganz einfach auf der alljährlichen Lohnsteuerbescheinigung in der Zeile 6 zu finden. Bei mehreren Arbeitgebern und Lohnsteuerbescheinigungen werden die Werte entsprechend addiert und in der Steuererklärung als eine Summe eingetragen.

Wichtig: Die gezahlte Kirchensteuer muss an zwei Stellen in der Steuererklärung eingetragen werden (siehe Hinweisbox unten).

Was allerdings viele nicht wissen und was daher oft zu verfälschten Berechnungen der Steuersoftware führt, ist die Tatsache, dass erstattete Kirchensteuer ebenfalls wieder in dem Jahr in der Steuererklärung eingetragen werden muss, in dem sie erstattet wurde. Dort erhöht sie dann wiederum das zu versteuernde Einkommen.

Macht man also zum Beispiel seine Steuererklärung für das Jahr 2019 und erhält den Steuerbescheid samt Erstattungszahlung im Jahr 2022, muss in der Steuererklärung für das Jahr 2022 die Kirchensteuererstattung ebenfalls angegeben werden.

Formular:	Anlage Sonderausgaben
Bereich:	Kirchensteuer
Zeile:	4
Eintragung:	Art der Leistung zuordnen
Betrag:	Kirchensteuerzahlung oder Erstattung (letzte Zeile)

Steuertipp 12

Spenden – Gutes tun und Steuern sparen

Dass Spenden eine gute Sache sind und vielfach eine der wichtigsten materiellen Unterstützungen für Vereine, Verbände und Ähnliches sind, steht wohl außer Frage. Um der Spenderin oder dem Spender neben einem guten Gefühl noch einen weiteren Anreiz zu geben, kann man Spenden in der Steuererklärung absetzen.

Unterschieden werden bei den Spenden drei Kategorien:

1. Spenden für gemeinnützige oder mildtätige Zwecke (wie Kulturvereine, Jugendhilfe, Tierschutz, Wissenschaft usw.)
2. Spenden in den Vermögensstock einer Stiftung
3. Spenden an politische Parteien

Wichtig: Um Spenden handelt es sich im steuerlichen Sinn nur, wenn man dafür keine direkte Gegenleistung erhält. Zudem können nicht nur Geld-, sondern auch Sachspenden anerkannt werden.

Je nachdem, wofür gespendet wurde, unterscheidet sich die steuerliche Behandlung. Wir konzentrieren uns auf die 1. und 3. Kategorie, denn Spenden an eine Stiftung haben viele Voraussetzungen und finden in der breiten Masse kaum statt.

Spenden der 1. Kategorie sind bis zu maximal 20 Prozent der gesamten eigenen Einkünfte als Sonderausgaben absetzbar, wobei sie das zu versteuernde Einkommen mindern. Je nach persönlichem Steuersatz kann man darauf also 0 bis 45 Prozent Steuern sparen. Bis zu einem Betrag von 300 Euro ist keine offizielle Spendenbescheinigung notwendig. Bei Rückfragen des Finanzamts reicht ein einfacher Nachweis aus, z. B. in Form eines Überweisungsbelegs oder Kontoauszugs. Dabei gilt der Betrag von 300 Euro für jede Einzelspende, nicht für die Summe im Jahr.

Spenden der 3. Kategorie zählen zwar auch zu den Sonderausgaben, werden aber stärker gefördert. Bis zu einem Betrag von 1.650 Euro pro Steuerzahler und Jahr werden direkt 50 Prozent des gespendeten Betrags im Rahmen der Steuererklärung von der Steuerschuld abgezogen. Spenden, die darüber hinaus getätigt wurden, wirken sich wiederum wie die 1. Kategorie aus und mindern das zu versteuernde Einkommen. Spenden an politische Parteien sind so bis 3.300 Euro maximal pro Jahr begünstigt.

Formular:	Anlage Sonderausgaben
Bereich:	Zuwendungen (Spenden und Mitgliedsbeiträge)
Zeilen:	5–12
Eintragung:	Zuwendungsempfänger (Verein, Organisation, Partei, Stiftung)
Betrag:	zugewendeter Betrag

Steuertipp 13

Behinderung – Behindertenpauschbetrag nutzen

Menschen mit einer Behinderung sind im Alltag häufiger auf Assistenz und Unterstützung angewiesen. Das zu organisieren kann schon ein erheblicher Aufwand sein, zudem schlagen noch die Kosten dafür zu Buche. Daher gibt es die Möglichkeit, steuerliche Erleichterungen zu nutzen. Neben der Geltendmachung der behinderungsbedingten Mehraufwendungen in unterschiedlichen Bereichen ist der einfachste Weg wohl der Behindertenpauschbetrag, für den keine umständliche Einzelaufstellung, sondern lediglich der Behinderungsgrad und ein dazugehöriger Nachweis/Bescheid ausreichend sind. Je nach Höhe des eingetragenen Behinderungsgrades unterscheidet sich der gewährte Betrag, der das zu versteuernde Einkommen und dadurch die eigene Steuerlast mindert.

Höhe des Behindertenpauschbetrages (gültig seit Steuerjahr 2021):

Grad der Behinderung	Behindertenpauschbetrag
20	384 Euro
30	620 Euro
40	860 Euro
50	1.140 Euro
60	1.440 Euro
70	1.780 Euro
80	2.120 Euro
90	2.460 Euro
100	2.840 Euro

Für behinderte Menschen, die hilflos im Sinne des § 33b Abs. 6 EStG sind sowie Blinde und Taubblinde erhöht sich der genannte Pauschbetrag auf insgesamt 7.400 Euro.

Formular: Anlage Außergewöhnliche Belastungen
Bereich: Behinderten-Pauschbetrag
Zeilen: 4–6
Eintragung: Gültig von – gültig bis, unbefristet? Grad der Behinderung sowie Zeile 5/6 für eventuelle Zusatzmerkmale
Betrag: wird automatisch ermittelt

Steuertipp 14

$

1.040 Euro steuerfrei im Minijob pro Monat

Dass man mit einer geringfügigen Beschäftigung oder umgangssprachlich ausgedrückt mit einem Minijob bis zu 520 Euro steuerfrei Geld dazuverdienen darf, wissen viele. Mittlerweile gibt es aber eine deutlich weniger bekannte Möglichkeit, völlig legal in zwei Monaten im Jahr jeweils bis zu 1.040 Euro steuer- und abgabenfrei zu erhalten.

Kommt es nämlich zu einem unvorhersehbar höheren Arbeitsaufwand, weil z. B. ein Kollege krank geworden ist, dann darf der Minijobber dafür »einspringen« und eben jeweils bis zu 1.040 Euro in zwei Monaten im Jahr verdienen, so steht es nun im Gesetz.

Der maximal pro Jahr mögliche Nebenverdienst kann somit sogar bei bis zu 7.280 Euro (10 × 520 Euro + 2 × 1.040 Euro) liegen – mit all den bekannten Vorteilen.

Übrigens: Auch geringfügig Beschäftigte können noch bis zum 31. Dezember 2024 die steuer- und abgabenfreie Inflationsausgleichsprämie von bis zu 3.000 Euro von ihrem Arbeitgeber erhalten. Die freiwillige Prämie kann in einer Summe oder auch auf mehrere kleinere Zahlungen verteilt ausgezahlt werden und wird nicht auf die Verdienstgrenze einer geringfügigen Beschäftigung angerechnet.

Steuertipp 15

Ehrenamtspauschale

Zum Glück gibt es laut offiziellen Zahlen viele Millionen Menschen, die sich ehrenamtlich engagieren. Meist wird für diese zusätzliche Arbeit an die Ehrenamtlichen eine Aufwandsentschädigung gezahlt. Diese ist seit dem Steuerjahr 2021 bis zu einem jährlichen Betrag von 840 Euro steuer- und sozialabgabenfrei. Voraussetzung hierfür ist, dass die Tätigkeit nur nebenberuflich ausgeführt wird, der Förderung gemeinnütziger, mildtätiger oder kirchlicher Zwecke dient oder im öffentlichen Auftrag erledigt wurde.

Beispiele aus der Praxis sind Tätigkeiten wie Vereinsvorstand oder Schatzmeister, aber auch Platzwart, Schiedsrichter im Amateurbereich und sogar der Fahrdienst von Eltern zu Auswärtsspielen. Informationen zum Eintrag im Steuerformular siehe folgender Steuertipp 16.

Formular:	Anlage N (gilt für die Ehrenamts- und die Übungsleiterpauschale)
Bereich:	Steuerfreie Aufwandsentschädigung
Zeile:	22
Eintragung:	ausgeführtes Ehrenamt oder Tätigkeit
Betrag:	erhaltene Aufwandsentschädigung

Steuertipp 16

Übungsleiterpauschale

Neben der vorher beschriebenen Ehrenamtspauschale gibt es noch die Übungsleiterpauschale. Damit sind Aufwandsentschädigungen gemeint, die Übungsleiter (wie Trainer im Sportverein) erhalten oder auch Ausbilder, Erzieher, Betreuer oder Menschen, die vergleichbare Tätigkeiten ausüben.

Dabei dürfen sogar bis zu 3.000 Euro jährlich steuer- und sozialabgabenfrei als Aufwandsentschädigung gezahlt werden. Beträge, die darüber hinausgehen und bislang nicht versteuert wurden, werden in der Anlage N (steuerpflichtiger Arbeitslohn ohne Lohnsteuerabzug) in Zeile 22 eingetragen. Das gilt auch für die Ehrenamtspauschale.

Formular:	Anlage N (gilt für die Ehrenamts- und die Übungsleiterpauschale)
Bereich:	Steuerfreie Aufwandsentschädigung
Zeile:	22
Eintragung:	ausgeführtes Ehrenamt oder Tätigkeit
Betrag:	erhaltene Aufwandsentschädigung

Teil 3: Rund ums Wohnen

Steuertipp 17

Haushaltsnahe Aufwendungen (wie z. B. Mietnebenkosten)

Einer meiner persönlichen Lieblingssteuertipps betrifft fast alle von uns. Hinter dem Begriff »Haushaltsnahe Aufwendungen« verstecken sich nämlich Kosten unseres Alltags, die sich direkt in der Steuererklärung auswirken und Steuern sparen. Jeder Mieter, aber auch viele Eigentümer von selbst genutztem Wohneigentum haben nämlich genau solche Kosten. Dazu zählen Aufgaben, die eigentlich auch von den Bewohnern durchgeführt werden könnten, aber durch eine Firma oder einen Dienstleister erledigt wurden. Das könnten z. B. folgende Dienstleistungen sein:

- Hausreinigung
- Fensterreinigung
- Gartenpflege
- Hauswart- oder Hausmeisterservice
- Winterdienst
- Putzkraft oder Haushaltshilfe
- ambulanter Pflegedienst

Wichtig ist, dass es eine Rechnung gibt und diese Kosten nicht bar bezahlt wurden. Als Mieter sollte man also in die letzte Betriebs- und Nebenkostenabrechnung schauen und im Regelfall wird man dort Ausgaben für solche Dienste/Arbeiten finden. Immerhin werden 20 Prozent der angefallenen Lohnkosten rückerstattet bis zu einem Maximalerstattungsbetrag von 4.000 Euro.

Formular:	Anlage Haushaltsnahe Aufwendungen
Bereich:	Haushaltsnahe Dienstleistungen
Zeile:	5
Eintragung:	Art der Tätigkeit (Hausmeister, Gartenpflege, Winterdienst, Haushaltshilfe, Treppenhausreinigung etc.)
Betrag:	gezahlter Lohnkostenanteil

Steuertipp 18

Umzugskosten (privat)

Jeder von uns zieht irgendwann in seinem Leben um. Häufig werden dann fleißige Hände und Helfer aus dem eigenen Umfeld dafür eingeladen, aber manch einer beauftragt eben auch eine Umzugsfirma und zahlt für die professionelle Unterstützung Geld – diese Kosten lassen sich steuerlich berücksichtigen.

Steuerlich unterscheidet man hierbei allerdings zwei Arten von Umzügen: zum einen den privaten Umzug, um den es hier in diesem Steuertipp geht, zum anderen einen beruflich veranlassten Umzug. Zur beruflich veranlassten Variante habe ich in diesem Buch die Steuertipps 44 und 45 mit aufgenommen und zeige dort, wie man die Umzugskosten zum Steuersparen richtig angibt.

Bei den Kosten für einen privaten Umzug durch eine Umzugsfirma oder auf Rechnung tätige Umzugshelfer handelt es sich um die schon erwähnten haushaltsnahen Aufwendungen. Es gilt demnach die gleiche Höchstgrenze und du kannst 20 Prozent der Lohnkosten im Rahmen der Steuererklärung direkt geltend machen.

Wichtig: Die Rechnung muss die Lohnkosten gesondert ausweisen – das Absetzen des Gesamtbetrags z. B. mit Anteilen für Umzugskartons oder ein Transportfahrzeug ist nicht erlaubt.

Formular:	Anlage Haushaltsnahe Aufwendungen
Bereich:	Haushaltsnahe Dienstleistungen
Zeile:	5
Eintragung:	Art der Tätigkeit (Umzugskosten)
Betrag:	gezahlter Lohnkostenanteil

Steuertipp 19

Geringfügige Beschäftigung im Haushalt (Minijob)

Dieser Steuertipp bezieht sich inhaltlich auf den Tipp oben mit den haushaltsnahen Aufwendungen. Auch hier geht es grundsätzlich um haushaltsnahe Aufwendungen und die Arbeiten, die rund um den eigenen Haushalt anfallen. Allerdings ist hier die Beschäftigungsform eine andere – während es sich oben um eine sozialversicherungspflichtige Tätigkeit einer Firma oder einer gewerbetreibenden Person handelt, gibt es in der Steuererklärung ein extra Feld für sogenannte Minijobber oder fachlich ausgedrückt »geringfügige Beschäftigung im eigenen Haushalt«.

Besonders Putzhilfen, Haushaltshilfen und Kinderbetreuer werden häufig in Haushalten auf Minijob-Basis (bis 520 Euro regelmäßiges monatliches Einkommen) angestellt.

Ist das der Fall, dann werden auch hiervon 20 Prozent der Lohnkosten direkt in der Steuererklärung erstattet – bis zu absetzbaren Lohnkosten in Höhe von maximal 2.550 Euro innerhalb eines Steuerjahres. Die höchstmögliche Erstattung liegt demnach bei 510 Euro für diesen Bereich.

Formular:	Anlage Haushaltsnahe Aufwendungen
Bereich:	Geringfügige Beschäftigung im Privathaushalt
Zeile:	4
Eintragung:	Art der Tätigkeit (Putzkraft, Babysitter etc.)
Betrag:	gezahlter Lohnkostenanteil

Steuertipp 20

Handwerkerleistungen (Renovierung, Wartung etc.)

Ergänzend zu den drei vorherigen Tipps gibt es in derselben Anlage in der Steuererklärung auch die Möglichkeit, Ausgaben für Handwerkerleistungen und Wartung abzusetzen.

Dazu zählen unter anderem:

- Malerarbeiten
- Reparaturen
- Aufzugswartung
- Thermenwartung

Auch hier gilt als Voraussetzung, dass es eine Rechnung gibt und diese Kosten nicht bar bezahlt wurden. In der Praxis findet man Wartungskosten ebenfalls in der Betriebs- und Nebenkostenabrechnung als Mieter oder aber man hat als Eigentümer solche Arbeiten eigenständig in Auftrag gegeben und entsprechend eine Rechnung erhalten.

Absetzbar sind Kosten für Lohn- und Arbeitsleistung sowie Maschinen- und Fahrtkosten, die man bis maximal 6.000 Euro absetzen kann. Davon werden dann ebenfalls 20 Prozent erstattet, wenn sie im häuslichen Zusammenhang erbracht wurden.

Eine Ausnahme bilden allerdings Kosten für Leistungen, die gleichzeitig öffentlich gefördert wurden, für die es steuerfreie Zuschüsse gab oder für die ein zinsverbilligtes Darlehen in Anspruch genommen wurde.

Formular:	Anlage Haushaltsnahe Aufwendungen
Bereich:	Handwerkerleistungen
Zeile:	6
Eintragung:	ausgeführte Arbeit und Gesamtrechnungsbetrag
Betrag:	darin enthaltene Lohn-, Maschinen- und Fahrtkosten inkl. MwSt.

Teil 4: Werbungskosten – unser Helfer beim Steuersparen

Für viele Steuerpflichtige sind sogenannte Werbungskosten der einfachste Weg, um Steuern zu sparen. Wie schon im Einführungsteil erwähnt, versuchst du, mit der Steuererklärung Kosten gegenüber dem Finanzamt geltend zu machen (also umgangssprachlich: abzusetzen), die das zu versteuernde Einkommen senken. Je weniger zu versteuerndes Einkommen du hast, umso weniger Einkommensteuer musst du zahlen – und genau dabei helfen dir die Werbungskosten.

Werbungskosten sind all die Kosten, die du innerhalb des Steuerjahres hast, um Einnahmen zu erzielen, sie zu sichern oder zu erhalten.

Dabei geht es nicht nur um die Kosten zur Sicherung der jeweils aktuellen Einnahmen, sondern auch um Kosten, die entstehen, damit du zukünftig Einnahmen erzielst, wie z. B. die Kosten für Fortbildungen oder Bewerbungen.

Die Möglichkeiten sind also vielfältig und ein großer Teil der Steuerpflichtigen sollte diese Chancen für sich nutzen.

Das Finanzamt und der Arbeitgeber berücksichtigen bei der Kalkulation der zu zahlenden Steuer automatisch 1.200 Euro pro Jahr als Arbeitnehmerpauschbetrag – ohne dass man dies extra beantragen muss. Schaffst du es aber nun im Rahmen deiner Steuererklärung, mehr als 1.200 Euro Werbungskosten geltend zu machen, senkst du dein zu versteuerndes Einkommen stärker als bisher berücksichtigt und minderst dadurch die zu zahlenden Steuern bzw. erhöhst deine Steuererstattung.

Steuertipp 21

Fahrtkosten zur Arbeit (Entfernungspauschale)

Um Geld zu verdienen und ein Einkommen zu erzielen, fährt ein Großteil von uns zur Arbeit. Diese Fahrkosten zählen zu den Werbungskosten – das kann dir also beim Steuersparen helfen.

Dafür nutzen wir in der Steuererklärung die sogenannte Entfernungspauschale. Sie besagt, dass wir für jeden Kilometer Arbeitsweg (einfache Entfernung) pauschal 30 Cent erhalten – und das für jede Fahrt (seit dem Steuerjahr 2021 gibt es ab dem 21. Kilometer sogar 35 Cent und ab dem Steuerjahr 2022 sind es ab diesem Wert 38 Cent). Dabei ist es unerheblich, wie man diesen Weg bewältigt hat – also mit dem Auto, dem Fahrrad oder mit öffentlichen Verkehrsmitteln. Hierzu ein Beispiel aus der Praxis:

Eine Bürokauffrau ist innerhalb eines Kalenderjahres an 230 Tagen zur Arbeit gefahren. Ihr Arbeitsweg betrug dabei durchgehend 25 Kilometer für die einfache Fahrt. Daraus ergibt sich folgende Rechnung:

1. 230 Tage × 0,30 € × 20 km = 1.380 Euro
2. 230 Tage × 0,38 € × 5 km = 437 Euro

Zusammen sind dies 1.817 Euro als absetzbare Entfernungspauschale.

Je länger also der Weg und je mehr Fahrten zur Arbeit stattgefunden haben, umso höher wird dieser Betrag. Maximal können 4.500 Euro für die Entfernungspauschale angerechnet werden, außer man fährt mit dem eigenen oder zur Nutzung überlassenen Kfz, dann gibt es keine Höchstgrenze.

An Tagen, an denen man nicht zur Arbeit gefahren ist, weil man z. B. krank, im Urlaub oder im Homeoffice war, kann diese Entfernungspauschale natürlich nicht angesetzt werden. Gleiches gilt, wenn der Arbeitgeber die Fahrten zur Arbeit auf seine Kosten organisiert. Wenn es begründbar ist, dann muss nicht immer nur der kürzeste Weg angegeben werden. Ist ein anderer Weg zwar länger, dafür aber regelmäßig verkehrsgünstiger, so kann auch dieser angewandt werden.

Formular:	Anlage N
Bereich:	Wege zwischen Wohnung und erster Tätigkeitsstätte
Zeilen:	30–36
Eintragung:	Adresse der Tätigkeitsstätte, Zeitraum, Arbeitstage je Woche, Urlaubs-, Krankheits-, Heimarbeits- und Dienstreisetage, Anzahl Fahrten im Zeitraum, Kilometer je Fahrt, Fortbewegungsart
Betrag:	wird automatisch errechnet

Steuertipp 22

Fahrtkosten zur Arbeit (Schwerbehinderte/Merkzeichen G)

Um die steuerliche Belastung von Menschen mit einem anerkannten Behinderungsgrad zu senken, gibt es Sonderregelungen; so auch im Bereich der Fahrtkosten zur Arbeit.

Statt der sonst angesetzten 30 Cent pro Kilometer (bzw. ab dem 21. Kilometer 35 oder 38 Cent) für die einfache Entfernung, erhält man ab einem anerkannten Behinderungsgrad von 70 Prozent oder von 50 Prozent mit dem Merkzeichen »G« die Pauschale für den Hinweg und für den Rückweg.

An den sonstigen Bedingungen und Faktoren ändert sich nichts (siehe Steuertipp 21).

Das Beispiel aus der Praxis sieht dann wie folgt aus:

Eine Bürokauffrau ist innerhalb eines Kalenderjahres an 220 Tagen zur Arbeit gefahren. Ihr Arbeitsweg betrug dabei durchgehend 19 Kilometer für die Hinfahrt (einfache Entfernung).

Dann ergibt sich nun folgende Rechnung: 220 Tage × 0,30 € × 19 km × 2 = 2.508 Euro

Die 2.508 Euro werden der Bürokauffrau als Werbungskosten über die Entfernungspauschale angerechnet.

Formular:	Anlage N
Bereich:	Wege zwischen Wohnung und erster Tätigkeitsstätte
Zeilen:	30–36 (letzte Zeile ankreuzen)
Eintragung:	Adresse der Tätigkeitsstätte, Zeitraum, Arbeitstage je Woche, Urlaubs-, Krankheits-, Heimarbeits- und Dienstreisetage, Anzahl Fahrten im Zeitraum, Kilometer je Fahrt, Fortbewegungsart
Betrag:	wird automatisch errechnet

Steuertipp 23

Fahrtkosten zur Arbeit (öffentliche Verkehrsmittel)

Ein spezieller Steuertipp aus dem Bereich der Fahrtkosten ist dann besonders hilfreich, wenn man nur einen recht kurzen Arbeitsweg hat und diesen mit öffentlichen Verkehrsmitteln zurücklegt. Denn statt der Nutzung der vorher beschriebenen Entfernungspauschale darf man auch ersatzweise die Kosten für eine Jahres- oder Monatskarte des öffentlichen Nahverkehrs komplett absetzen. Auch wenn man diese Karte für private Fahrten nutzt, die ja sonst nicht absetzbar wären, kann man die Kosten für die Jahres- oder Monatskarte zu 100 Prozent absetzen.

Hierzu eine kurze Beispielrechnung bei einem Arbeitsweg von neun Kilometern:

Eine Bürokauffrau fährt innerhalb eines Kalenderjahres an 220 Tagen zur Arbeit. Ihr Arbeitsweg beträgt durchgehend 7 Kilometer für die Hinfahrt (einfache Entfernung). Dann ergäbe sich bei der Entfernungspauschale folgende Rechnung:

220 Tage × 0,30 € × 9 km = 594 Euro

Hat sie diesen Weg aber mit öffentlichen Verkehrsmitteln zurückgelegt und für ihre Monatskarten innerhalb des Jahres z. B. 840 Euro bezahlt, dann ist es sinnvoll, besser die 840 Euro statt der 594 Euro für ihre Arbeitswege im Rahmen der Steuererklärung abzusetzen.

Gerade bei Arbeitswegen zwischen einem und 15 Kilometern kann es – je nach Kosten der Monats- oder Jahreskarte – besser sein, statt der Entfernungspauschale die Kosten für die Monats- oder Jahreskarte anzusetzen.

Formular: Anlage N
Bereich: Wege zwischen Wohnung und erster Tätigkeitsstätte
Zeilen: 30–37
Eintragung: Adresse der Tätigkeitsstätte, Zeitraum, Arbeitstage je Woche, Urlaubs-, Krankheits-, Heimarbeits- und Dienstreisetage, Anzahl Fahrten im Zeitraum, Kilometer je Fahrt, Fortbewegungsart
Betrag: selbst getragene Kosten für öffentliche Verkehrsmittel

Steuertipp 24

Fahrtkosten (Auswärtstätigkeit)

Außer den Fahrkosten zur Arbeit (siehe die vorherigen Steuertipps) können auch Fahrten zu Auswärtstätigkeiten abgesetzt werden – in diesem Fall kann sogar noch mehr angerechnet werden. Die zentrale Unterscheidung ist: Handelt es sich um Fahrten zur ersten Tätigkeitsstätte oder zu einer anderen Tätigkeitsstätte? Um Letzteres handelt es sich bei Fahrten

- zu einer zweiten bzw. weiteren Filiale im Einzelhandel oder zu einer Niederlassung,
- zur Berufsschule oder Uni bei einer dualen Ausbildung bzw. bei einem dualen Studium,
- zu Bewerbungsgesprächen und Fortbildungen,
- bei Berufen mit wechselnden Einsatzorten, wie Berufskraftfahrer, Flug- und Zugbegleiter, Monteure, Handwerker oder Mitarbeiter im Außendienst.

Ist also im Arbeitsvertrag eine erste Tätigkeitsstätte bestimmt und fährt man nun beruflich veranlasst an einen anderen Ort oder gibt es, wie bei den genannten Berufsgruppen, generell keinen festen Arbeitsort, so handelt es sich hierbei meist um eine Auswärtstätigkeit, die steuerlich bevorzugt wird.

Fahrtkosten können dann pauschal für diese Fahrten und Strecken für **jeden** Kilometer mit 30 Cent angesetzt werden und nicht wie bei der normalen Entfernungspauschale nur für die einfache Entfernung. Ersatzweise besteht zudem die Möglichkeit, statt der Pauschale die tatsächlich entstandenen Reisekosten abzusetzen.

Wichtig: Von den absetzbaren Kosten müssen vom Arbeitgeber erstattete Beträge abgezogen werden, diese findet man auf der Lohnsteuerbescheinigung.

Formular:	Anlage N
Bereich:	Reisekosten bei beruflich veranlassten Auswärtstätigkeiten
Zeilen:	68–69
Eintragung:	Grund der Fahrten, Anzahl der Fahrten, Kilometer (je Fahrt), Kilometer (gesamt = Anzahl Fahrten × Kilometer je Fahrt)
Betrag:	Entweder tatsächliche Fahrtkosten oder mit Kilometerpauschale errechnet aus 30 Cent × Kilometer (gesamt), eventuell erhaltener steuerfreier Ersatz für diese Fahrten (Zeile 74)

Steuertipp 25

Verpflegungsmehraufwand – Auswärtstätigkeit (Inland)

Neben den verbesserten Möglichkeiten, Fahrt- und Reisekosten bei einer Auswärtstätigkeit steuerlich abzusetzen, gibt es weitere Steuervorteile für den erhöhten Verpflegungsaufwand. Eine Person, die regelmäßig nur zu einer Tätigkeitsstätte, also demselben Arbeitsort fährt, kann sich aus Sicht der Finanzverwaltung einfacher versorgen und verpflegen (auch wenn das in der Praxis nicht immer der Fall sein mag). Daher wurden die Pauschbeträge für »Mehraufwendung für Verpflegung« bei Auswärtstätigkeiten geschaffen, um die korrekte Bezeichnung aus der Steuererklärung zu nennen. Für uns Laien bedeutet das die Möglichkeit, für jeden Tag einer Auswärtstätigkeit, d.h. einer Abwesenheit von zu Hause von mehr als acht Stunden, einen Pauschalbetrag abzusetzen.

Dabei staffelt sich der absetzbare Betrag nach der Länge der Abwesenheit von zu Hause (nicht etwa reine Arbeitszeit, sondern wirklich Abwesenheit von zu Hause):

Abwesenheit von mehr als 8 Stunden	14 Euro pro Tag
An- und Abreisetage (bei einer mehrtägigen Auswärtstätigkeit)	14 Euro pro Tag
Abwesenheit von 24 Stunden	28 Euro pro Tag

Stellt der Arbeitgeber allerdings einen Teil oder die gesamte Verpflegung für diese Auswärtstätigkeiten oder ersetzt er davon einen Teil steuerfrei, muss man die genannten Pauschalwerte entsprechen kürzen.

Auch hierfür gibt es bei der Mahlzeitenstellung feste Sätze, die abzuziehen sind:

- 5,60 Euro für ein Frühstück
- 11,20 Euro jeweils für ein gestelltes Mittag- oder Abendessen

Formular:	Anlage N
Bereich:	Pauschbeträge für Mehraufwendungen für Verpflegung
Zeilen:	75–80
Eintragung:	Anzahl Tage > 8 Stunden (Zeile 75), An- und Abreisetage (Zeile 76), Anzahl Tage > 24 Stunden (Zeile 77), Kürzung für gestellte Mahlzeiten (Zeile 78), Betrag steuerfreier Ersatz vom Arbeitgeber (Zeile 80)
Betrag:	in Zeile 78 und 79 selbst errechneten Betrag eintragen

Steuertipp 26

Verpflegungsmehraufwand – Auswärtstätigkeit (Ausland)

Bei Auswärtstätigkeiten im Ausland ist ebenfalls ein Abzug für den Mehraufwand für die eigene Verpflegung möglich. Dort gelten allerdings nicht die Sätze fürs Inland aus dem vorherigen Steuertipp. Stattdessen wird jährlich eine Liste mit den jeweils gültigen Sätzen für die meisten Länder veröffentlicht. Damit möchte die Finanzverwaltung den unterschiedlichen Kostenniveaus der Länder gerecht werden. So sind die Preise für Essen, Trinken und generell für Nahrungsmittel in den meisten Industrieländern höher als z. B. in Entwicklungs- oder Schwellenländern. Ergänzend gibt es für einige Städte oder Regionen eigene und vom Landessatz abweichende Verpflegungssätze bzw. Pauschbeträge für den Verpflegungsmehraufwand (wer in Athen tätig ist – mit 24 Stunden Abwesenheit –, für den kann ein Betrag von 46 Euro angesetzt werden, im übrigen Griechenland nur ein Betrag von 36 Euro).

Die grundsätzliche Einteilung in Abwesenheiten von mehr als 8 Stunden, in An- und Abreisetage und Tage mit 24 Stunden Abwesenheit gilt auch hier.

Stellt der Arbeitgeber im Ausland einen Teil oder die gesamte Verpflegung für diese Auswärtstätigkeiten oder ersetzt er davon einen Teil steuerfrei, muss man diese Werte – wie auch beim Verpflegungsaufwand im Inland – abziehen. Aber nicht mit einem festen Eurobetrag, sondern prozentual vom Pauschbetrag für 24 Stunden:

- 20 Prozent für ein Frühstück
- 40 Prozent jeweils für ein Mittag- oder Abendessen

Eine Übersicht zu den geltenden Pauschbeträgen in den verschiedenen Ländern findest du im BMF-Schreiben vom 15. November 2019. Auf MyBook+ kannst du es dir direkt ansehen.

Formular:	Anlage N
Bereich:	Pauschbeträge für Mehraufwendungen für Verpflegung
Zeilen:	79–80
Eintragung:	ausländischer Staat, Anzahl der jeweiligen Tage nach Abwesenheit und jeweils der dafür gültige Pauschbetrag in Euro (laut Tabelle), Betrag steuerfreier Ersatz vom Arbeitgeber (Zeile 80)
Betrag:	Selbst errechneter Betrag aus Anzahl der Tage × Pauschbetrag für das jeweilige Land

Steuertipp 27

Übernachtungskosten (Inland und Ausland)

Für Übernachtungen und dazugehörige Kosten im Rahmen einer Auswärtstätigkeit gibt es ebenfalls steuerliche Möglichkeiten, die man neben dem reinen Verpflegungsmehraufwand für sich nutzen kann, zumindest wenn man diese selbst beglichen hat und sie nicht (z. B. vom Arbeitgeber) ersetzt wurden. In einem solchen Fall sind nämlich die tatsächlich entstandenen Kosten als Werbungskosten absetzbar.

Hinweis: Wenn in einer Rechnung für die Übernachtung die Verpflegung (Frühstück, Halbpension oder Vollpension) enthalten, aber der Betrag dafür nicht gesondert aufgeführt ist, muss der Rechnungsbetrag entsprechend der erhaltenen Verpflegung wie folgt gekürzt werden:

- 20 Prozent für ein Frühstück
- jeweils 40 Prozent für Mittag- oder ein Abendessen

Die Prozentzahlen beziehen sich allerdings nicht auf den Rechnungsbetrag für die Übernachtung selbst, sondern auf den für den jeweiligen Ort gültigen pauschalen Verpflegungsmehraufwand im In- oder Ausland. In Deutschland sind das z. B. die im Steuertipp 25 genannten 5,60 Euro bei einem Frühstück oder aber 20 Prozent des jeweils im Ausland gültigen Verpflegungssatzes (damit möchte man eine doppelte Förderung vermeiden).

Sonderregel: Übernachtungen im eigenen Fahrzeug als Kraftfahrer können seit dem Steuerjahr 2020 pauschal mit 8 Euro pro Übernachtung abgesetzt werden.

Formular:	Anlage N
Bereich:	Reisekosten bei beruflich veranlassten Auswärtstätigkeiten
Zeilen:	70 (Übernachtungskosten als Kraftfahrer im eigenen Fahrzeug Zeile 73)
Eintragung:	Art der Unterbringung (Hotel, Pension etc.)
Betrag:	Gesamtbetrag der tatsächlich entstandenen Übernachtungskosten je Aufenthalt (Inland) oder anhand der Pauschalen (Ausland)

Steuertipp 28

Homeoffice-Pauschale

In den letzten Jahren hat sich die Arbeitsweise für viele Menschen verändert – sie sind dazu übergegangen, teilweise von zu Hause aus zu arbeiten. Dadurch steigen im Regelfall die Kosten für Strom und Wasser sowie für die Heizung in den eigenen vier Wänden. Um diesen (Mehr-)Kosten Rechnung zu tragen und steuerlich eine Entlastung für die Betroffenen zu schaffen, wurde die Homeoffice-Pauschale eingeführt, die ab dem Steuerjahr 2020 in Anspruch genommen werden kann. Zunächst war diese Möglichkeit nur für die Jahre 2020, 2021 und 2022 geplant, sie wurde nun aber im Rahmen des dritten Entlastungspakets entfristet.

Damit betroffene Personen die Mehrkosten nicht mühsam einzeln aufschlüsseln müssen, was in der Realität häufig auch schwer bis gar nicht möglich ist, dürfen sie als Vereinfachung 6 Euro (2020 bis 2022: 5 Euro) pro Tag im Homeoffice absetzen. Für die Jahre 2020 bis 2022 ist das für maximal 120 Tage im Jahr möglich und ab 2023 darf man die Homeoffice-Pauschale sogar für bis zu 210 Tage nutzen. Insgesamt können sich dadurch mittlerweile ab 2023 bis zu 1.260 Euro absetzbare Werbungskosten ergeben.

Wichtig: An den Tagen, für die man die Homeoffice-Pauschale ansetzt, darf man nicht auch noch zusätzlich die Entfernungs- oder Kilometerpauschale für einen Arbeitsweg nutzen.

Formular:	Anlage N
Bereich:	Homeoffice-Pauschale
Zeile:	61
Eintragung:	Anzahl Tage im Homeoffice
Betrag:	wird automatisch errechnet

Steuertipp 29

Häusliches Arbeitszimmer

Das häusliche Arbeitszimmer ist eines der Lieblingsthemen der Finanzverwaltung – aufgrund der schwierigen Abgrenzung zwischen privatem und beruflich genutztem Wohnraum. Aus diesem Grund wurden die Voraussetzungen mittlerweile deutlich verschärft. Wer die Voraussetzungen allerdings erfüllt, kann mit einem Arbeitszimmer richtig Steuern sparen. Es lohnt sich also, dieses Thema näher zu betrachten.

Nach einem Urteil aus dem Jahr 2016 steht nun fest: Ein häusliches Arbeitszimmer setzt einen büromäßig eingerichteten Raum voraus, der nahezu ausschließlich (mindestens zu 90 Prozent) für betriebliche oder berufliche Zwecke genutzt wird. Steht im Arbeitszimmer z. B. eine Schlafcouch oder gar ein Bett, kann das schon zum Ausschluss führen. Ebenso, wenn im Arbeitszimmer ein Schrank mit Kleidung und Dingen des alltäglichen Lebens steht. Da die Beweisführung für das Finanzamt aus der Ferne schwierig ist, wird ein häusliches Arbeitszimmer bei der erstmaligen Beantragung meist nur nach Rückfragen und weiteren Angaben akzeptiert. Häufig wird dann u. a. eine Skizze oder der Grundriss der Wohnung bzw. des Hauses angefordert. Wer nur eine Arbeitsecke in einem Raum hat, am Küchentisch sitzt oder in einem Flur oder Durchgangzimmer arbeitet, geht leider leer aus! Ein weiterer Prüfpunkt ist, ob für einen Teil der beruflichen Tätigkeiten ein anderer eigener Arbeitsplatz (z. B. in der Firma oder bei Lehrkräften in der Schule/Lehrerzimmer) zur Verfügung steht. Diese Frage ist besonders spannend, wie ein Urteil vom höchsten deutschen Finanzgericht, dem Bundesfinanzhof (BFH), zeigt. In seinem Urteil mit dem Aktenzeichen VI R 46/17 bestätigt es, dass der Umfang der beruflichen Nutzung des häuslichen Arbeitszimmers im Verhältnis zur gesamten Tätigkeit keine Rolle spielt. Sie gab der klagenden Flugbegleiterin recht, die ihren Beruf größtenteils natürlich im Flugzeug und am Flughafen ausübt, aber eben ihre Dienstpläne oder die Einsatzvor- und -nachbereitung im Arbeitszimmer erledigt. Das lässt sich auch auf andere Berufsgruppen übertragen. Es lohnt sich also zu prüfen, ob sich nicht doch ein Arbeitszimmer absetzen lässt.

Akzeptiert das Finanzamt das Arbeitszimmer, dann sind die abziehbaren Kosten begrenzt auf 1.250 Euro jährlich pro Person im Haushalt, die das Arbeitszimmer nutzt. Die Begrenzung entfällt nur, wenn das Arbeitszimmer der Mittelpunkt der beruflichen oder betrieblichen Tätigkeit ist. Das Finanzamt akzeptiert das meist nur bei bestimmten Berufsgruppen wie freien Journalisten, Schriftstellern, Grafikdesignern und Heimarbeitern.

Wichtig: Arbeitest du nur ab und zu von zu Hause und sitzt du ansonsten an einem eigenen Arbeitsplatz in der Firma/im Büro, dann kommt das häusliche Arbeitszimmer als Steuervorteil nicht infrage und es bleibt nur die Homeoffice-Pauschale aus dem vorherigen Steuertipp!

Was kann man bei einem echten häuslichen Arbeitszimmer absetzen und wie?

Im ersten Schritt ermittelt man den Anteil des Arbeitszimmers an der Gesamtwohnfläche. Ist das Arbeitszimmer z. B. 15 qm groß und die gesamte Wohnung 100 qm, dann kann man 15 Prozent der Kosten ansetzen.

Im zweiten Schritt werden die Kosten für die Wohnung addiert, also u. a.:

- Miete (bei Immobilienbesitzern die Gebäudeabschreibung und Schuldzinsen für Kredite)
- Energie- und Wasserkosten
- Grundsteuer
- Reinigung
- Müllabfuhr
- Schornsteinfeger
- Hausratversicherung
- Beitrag Mieterverein
- usw.

Mieter finden in der Regel in ihrer Betriebs- und Nebenkostenabrechnung die entsprechenden Beträge.

Im dritten Schritt nimmt man nun von der Summe der Jahresausgaben den zuvor ermittelten prozentualen Anteil. In unserem Bespiel sind das 15 Prozent, die von den Jahresausgaben absetzbar sind. Hinzu kommen noch Kosten, die ausschließlich das Arbeitszimmer betreffen wie z. B. Kosten für die Renovierung des Zimmers. Zudem kann die Ausstattung des Arbeitszimmers mit Schreibtisch und Stuhl, Aktenschränken, Drucker usw. als Arbeitsmittel ohne Begrenzung abgesetzt werden (mehr dazu im Steuertipp 30).

Formular:	Anlage N
Bereich:	Aufwendungen für ein häusliches Arbeitszimmer
Zeile:	60
Eintragung:	Art der entstandenen Kosten
Betrag:	tatsächlich entstandene Kostenanteile an den Gesamtkosten

Steuertipp 30

Arbeitsmittel

Unter den Begriff der Arbeitsmittel können viele Dinge fallen. Wichtig ist dabei, dass die Arbeitsmittel direkt und überwiegend beruflich genutzt werden. Bis zu einer maximal zehnprozentigen privaten Nutzung sind die Kosten für das Arbeitsmittel in voller Höhe absetzbar. Ansonsten muss die Nutzung gegenüber dem Finanzamt nachgewiesen und gegebenenfalls eine prozentuale Aufteilung errechnet werden. Das kann mithilfe eines Nutzungstagebuches über einen repräsentativen Zeitraum (meist drei Monate) geschehen. Dazu schreibt man in diesem Zeitraum auf, wie lang das Arbeitsmittel beruflich bzw. privat genutzt wurde – klingt aufwendig, kann sich aber lohnen.

Zudem kann für ein Arbeitsmittel – je nach Art des Arbeitsmittels und ausgeübter beruflicher Tätigkeit – ein pauschalierter Anteil angesetzt werden, was die Finanzämter auch immer häufiger akzeptieren.

In diesem Teil des Buches findest du viele Steuertipps zu einzelnen, von vielen genutzten Arbeitsmitteln mit den üblicherweise akzeptierten Prozentwerten. Das kann z. B. den privaten Internetanschluss, den Laptop oder den Computer, die Büroeinrichtung für das häusliche Arbeitszimmer, Fachbücher, Software, Berufskleidung und Reinigungskosten betreffen. Allerdings kann auch vieles andere ein Arbeitsmittel sein – hier ist also etwas Kreativität hilfreich.

Wichtig: Arbeitsmittel, die netto nicht mehr als 800 Euro gekostet haben, können je nach Nutzungsgrad komplett im Anschaffungsjahr abgesetzt werden. Waren die Anschaffungskosten höher, müssen die Kosten auf die für den Gegenstand vorgeschriebenen Nutzungsjahre verteilt werden (diese Jahreszahlen für die Abschreibung stehen in der AfA-Tabelle). Ausgenommen von dieser Regelung sind aber mittlerweile Computer und digitale Güter, die unabhängig von den Kosten direkt im Anschaffungsjahr absetzbar sind und nicht über mehrere Jahre abgeschrieben werden müssen.

Immer wieder höre ich von einer Arbeitsmittelpauschale in Höhe von 110 Euro, auf die man einen Anspruch hat. Allerdings stimmt diese Information nicht so ganz, denn einen Rechtsanspruch gibt es darauf nicht. Vielmehr sind die Finanzämter dazu übergegangen, eine solche »Pauschale« nicht zu hinterfragen und als Nichtbeanstandungsgrenze zu verstehen. Dennoch: Sollte es im Einzelfall Rückfragen dazu geben, muss man Nachweise vorlegen können.

Steuertipp 31

Mobilfunk-, Internet- und Festnetzkosten

Fast alle von uns bezahlen heutzutage höchstwahrscheinlich mindestens für einen, wenn nicht sogar für alle drei genannten Dienste. Die Kosten für diese Dienste sind tatsächlich in vielen Fällen als Werbungskosten absetzbar, denn zunehmend verschmilzt das Privatleben mit dem Beruf – und wir wissen ja: Beruflich verursachte Kosten sind Werbungskosten und können uns Steuern sparen.

Bist du also für den Vorgesetzten, die Teamleiterin oder vielleicht sogar für Kunden auch auf deiner eigentlich privaten Mobil- oder Festnetznummer erreichbar oder nutzt du beim Arbeiten von zu Hause deinen Internetanschluss, liegt ein beruflicher Zusammenhang vor und ein Teil der anfallenden Kosten wird dadurch absetzbar.

Um zu ermitteln, wie groß der prozentuale Anteil der beruflichen Nutzung wirklich ist, gibt es zwei unterschiedliche Methoden.

1. Du führst über einen längeren Zeitraum (z.B. drei Monate) ein sogenanntes Nutzungstagebuch, in das du die privaten und beruflichen Anrufe, Nachrichten oder Nutzungszeiten einträgst. Damit kannst du dann die Anteile relativ genau berechnen. Diesen Prozentwert darfst du nun auf das gesamte Jahr und die gezahlten Kosten anwenden
2. Du setzt 20 Prozent der angefallenen Kosten bis zu einem Betrag von jährlich 240 Euro pauschal und ohne einzelne Aufzeichnungen an.

Für das Finanzamt müssen die Werte plausibel sein und je nach Berufsgruppe sind pauschal auch höhere Prozentwerte völlig normal wie z.B. bei Außendienstmitarbeiterinnen, Immobilien- und Versicherungsmaklern, Journalisten, Lehrkräften, Projektmanagerinnen, Sozialarbeitern etc. – es kommt auf den Einzelfall an.

Formular:	Anlage N
Bereich:	Aufwendungen für Arbeitsmittel
Zeile:	57
Eintragung:	Art des Arbeitsmittels (Mobilfunk- oder Internetvertrag)
Betrag:	entstandener oder errechneter Betrag (z.B. anteilige Nutzung)

Steuertipp 32

Laptop, PC und Zubehör

Laptops und PCs werden heutzutage auf vielfältige Art und Weise genutzt. Sei es zum Spielen, Zeitunglesen, um private E-Mails zu schreiben – oder auch für berufliche Zwecke. Der berufliche Anteil der Nutzung kann dazu führen, dass ein Teil der Anschaffungskosten für Laptop oder PC sowie das Zubehör steuerlich angerechnet werden kann.

Häufig stellt sich also die Frage: Wie groß ist der Anteil der privaten und der beruflichen Nutzung eines Geräts? Die Antwort hierzu:

1. Du fertigst ein Nutzungstagebuch über einen repräsentativen Zeitraum (drei Monate) an und kannst dadurch eine prozentuale Aufteilung errechnen.
2. Du setzt einen pauschalen Wert an, der sich nach der entsprechenden Berufsgruppe richtet. Je deutlicher der Bezug zu PC und Laptop erkennbar ist, umso besser die Möglichkeiten, die Kosten abzusetzen. Häufig wird dabei ein beruflicher Anteil von pauschal 50 Prozent für Berufsgruppen wie Lehrer, kaufmännische Angestellte, Rechtsanwälte etc. akzeptiert.

Darüber hinaus können Personen mit eindeutig beruflichem Bezug sogar pauschal 80 Prozent der Kosten geltend machen. Gute Chancen haben dabei Wissenschaftlerinnen, Journalisten, Redakteurinnen, Grafiker, Mitarbeiterinnen im Außendienst, Mitarbeiter in der EDV, Informatikerinnen und Lehrer für das Fach Informatik.

Wer sein Gerät maximal 10 Prozent privat nutzt und das nachweisen kann, darf sogar 100 Prozent der Anschaffungskosten absetzen. Eine Arbeitgeberbescheinigung kann dabei hilfreich sein – ist aber keine Garantie für die Anerkennung der Kosten durch das Finanzamt.

Wichtig: Es sind immer nur die Kosten absetzbar, die du selbst hattest. Von der Firma kostenfrei bereitgestellte Geräte können nicht abgesetzt werden.

Formular: Anlage N
Bereich: Aufwendungen für Arbeitsmittel
Zeile: 57
Eintragung: Art des Arbeitsmittels (Laptop, PC, Drucker, Maus etc.)
Betrag: entstandener oder errechneter Betrag (z. B. anteilige Nutzung)

Steuertipp 33

Berufskleidung (Anschaffungskosten)

In vielen Berufen gibt es Kleidung, die üblicherweise getragen wird. Nicht immer handelt es sich dabei – in steuerlicher Hinsicht – um Berufskleidung. Das Kostüm der Bankerin, das Hemd und die guten Schuhe des Mobilfunkverkäufers oder Optikers, ja selbst spezielle Thrombosestrümpfe für Zug- und Flugbegleiter – das alles sind Kleidungsstücke, die zwar in diesen Berufen üblich sind. Dennoch handelt es sich dabei nicht um Berufskleidung, die steuerlich absetzbar ist.

Gesetzgeber und Finanzämter haben dazu eine zentrale Bedingung: Wie schon in Sachen Werbungskosten in anderen Steuertipps erläutert, geht es meist um einen eindeutigen beruflichen oder betrieblichen Nutzen. Kostüm, Hemd, Schuhwerk und Strümpfe sind zwar sicherlich auch angemessenen und kleidsam in den genannten Berufen, können jedoch genauso gut privat getragen werden.

Anders sieht es aus, wenn auf einem Kleidungsstück das Logo des Arbeitgebers oder der Firmenname deutlich sichtbar aufgebracht ist. Dann gilt die Kleidung als Berufskleidung und die Anschaffungskosten können abgesetzt werden – ohne Kürzung für eine etwaige private Nutzung.

Ebenfalls gute Chancen gegenüber dem Finanzamt hat man bei Arbeitsschutzkleidung, die in dem jeweiligen Beruf vielleicht sogar vorgeschrieben ist.

Wichtig: Es sind immer nur die Kosten absetzbar, die du tatsächlich selbst hattest. Stellt die Firma Berufskleidung zur Verfügung, kommt lediglich die auf eigene Kosten durchgeführte Reinigung zum Absetzen infrage (dazu mehr im nächsten Steuertipp 34).

Formular:	Anlage N
Bereich:	Aufwendungen für Arbeitsmittel
Zeile:	57
Eintragung:	Art der Berufskleidung
Betrag:	selbst getragener Betrag der Anschaffungskosten

Steuertipp 34

Berufskleidung (Reinigungskosten)

Wer den vorherigen Steuertipp gelesen hat, kennt schon die Voraussetzungen, wann Kosten für Berufskleidung erfolgreich abgesetzt werden können. Ähnlich ist es auch mit den Kosten für die Reinigung der Berufskleidung.

Wird die Reinigung durch den Betrieb oder den Arbeitgeber organisiert und auf dessen Kosten durchgeführt oder die Reinigungskosten werden von der Firma erstattet, dann kannst du die Kosten nicht absetzen.

Anders sieht es aus, wenn du selbst die Reinigung z. B. zu Hause, in einer Wäscherei oder einem Waschsalon auf eigene Kosten durchführst. Dann können die entstandenen Aufwendungen abgesetzt werden – entweder du hast noch die Rechnungen einer Wäscherei und setzt die Summe davon ab oder schätzt die Kosten.

Mit der Frage der Schätzung der Reinigungskosten haben sich schon viele Gerichte beschäftigt und mittlerweile gibt es deshalb Richtwerte, an denen man sich orientieren kann. Häufig wird dafür die folgende Tabelle mit Werten des Bundesverbands der Verbraucherzentralen e. V. verwendet:

	1 Person	2 Personen	3 Personen	4 Personen
Wäsche waschen				
Kochwäsche 90 Grad	0,77 Euro/kg	0,50 Euro/kg	0,43 Euro/kg	0,37 Euro/kg
Buntwäsche 60 Grad	0,76 Euro/kg	0,48 Euro/kg	0,41 Euro/kg	0,35 Euro/kg
Pflegeleichte Wäsche	0,88 Euro/kg	0,60 Euro/kg	0,53 Euro/kg	0,47 Euro/kg
Wäsche trocknen				
Kondenstrockner	0,55 Euro/kg	0,34 Euro/kg	0,29 Euro/kg	0,24 Euro/kg
Ablufttrockner	0,41 Euro/kg	0,26 Euro/kg	0,23 Euro/kg	0,19 Euro/kg
Bügeln				
Dampfbügeleisen	0,07 Euro/kg	0,05 Euro/kg	0,05 Euro/kg	0,05 Euro/k

Hinweis: Für eine Waschmaschinenfüllung geht man bei Koch- und Buntwäsche von fünf Kilogramm, bei Fein- oder Pflegeleichtwäsche von 2,5 Kilogramm aus.

Bei regelmäßiger Wäsche können durchaus 100 bis 300 Euro an Werbungskosten anfallen. Eingetragen werden die Kosten dort, wo auch die Anschaffungskosten der Berufskleidung zu finden sind (siehe Steuertipp 33).

Steuertipp 35

Bewirtung – Essen mit Kollege(n)

Dass man Geschäftsessen absetzen kann, ist ja absolut kein Geheimnis und wohl eine der beliebtesten Methoden von Firmen und Selbstständigen, um Steuern zu sparen und das mit etwas Schönem zu verknüpfen. Was aber kaum einer weiß: Diese Möglichkeit besteht rechtlich gesehen genauso für Angestellte, Azubis oder auch Beamte. Auch hier muss zwar ein beruflicher Bezug gegeben sein und es können nur selbst bezahlte Kosten abgesetzt werden, aber grundsätzlich sind diese dann Werbungskosten.

So kann man z. B. einen Kollegen oder eine Kollegin in der Mittagspause »zum Essen einladen« und bespricht dabei Inhalte, die die Arbeit betreffen. Das können Projektplanungen oder -besprechungen sein, man tauscht sich über die besten Lehrgänge zum 10-Finger-Schreiben aus oder aber wie man sein Business-Englisch aufbessern kann. Mögliche Anlässe und Inhalte gibt es viele. Immerhin sind so 70 Prozent des Rechnungsbetrags als Werbungskosten in der Steuererklärung völlig legal absetzbar. Diesen Steuertipp nutzt kaum jemand, obwohl er im beruflichen Alltag so leicht umsetzbar ist.

Wichtig: Man sollte sich einen ordnungsgemäßen Bewirtungsbeleg geben lassen und dort die teilnehmenden Personen und den Anlass bzw. den Inhalt des Gesprächs eintragen. Im Idealfall fand die Einladung außerdem am Rande der Arbeitszeit oder in der Mittagpause statt, eine »berufliche« Einladung am Wochenende wird von den Finanzämtern eher kritisch beäugt und auch alkoholische Getränke auf der Rechnung können für Zweifel sorgen.

Formular:	Anlage N
Bereich:	Weitere Werbungskosten
Zeile:	65
Eintragung:	Bewirtung und beruflicher Bezug des Gesprächs
Betrag:	70 Prozent der angefallenen Bewirtungskosten

Steuertipp 36

Fahrtkosten – Arbeitsgemeinschaft mit Kollege(n)

Es muss nicht zwangsweise immer ein berufliches Essen mit einem oder den Kollegen sein, das zwar, wie im vorherigen Steuertipp gezeigt, absetzbar ist, aber je nach Lokalität schon höhere Kosten verursachen kann. Doch wer sagt denn, dass man sich nicht nach Feierabend oder gar am Wochenende mit den Kollegen zu einer Arbeitsgemeinschaft trifft oder bei Azubis oder Gesellen in der Meisterausbildung zur Vertiefung der beruflichen Inhalte? Das sorgt nicht nur beim Arbeitgeber für einen guten Eindruck, sondern kann aufgrund des beruflichen Bezugs auch steuerlich als Werbungskosten genutzt werden.

In diesem Fall kommen steuerlich besonders zwei Möglichkeiten infrage:

1. Fahrtkosten mit 30 Cent pro Kilometer für den Hin- und Rückweg als Werbungskosten
2. Bei einer Abwesenheit von zu Hause von mehr als 8 Stunden (inklusive Wege) die Geltendmachung des Verpflegungsmehraufwands in Höhe von 14 Euro für diesen Tag (siehe Steuertipp 25)

Formular:	Anlage N
Bereich:	Reisekosten bei beruflich veranlassten Auswärtstätigkeiten (für Fahrtkosten) und/oder Pauschbeträge für Mehraufwendungen für Verpflegung
Zeile:	69 Fahrtkosten oder 75 Verpflegungsmehraufwand
Eintragung:	Anzahl Fahrten sowie Strecke und beruflicher Bezug des Gesprächs und/oder Anzahl der Tage mit Abwesenheit von mehr als 8 Stunden
Betrag:	Fahrtkosten selbst errechnen; Verpflegungsmehraufwand wird automatisch errechnet.

Steuertipp 37

Bewerbungskosten

Wer sich auf eine Arbeitsstelle bewirbt, möchte damit Einnahmen erzielen und kann deshalb die entstandenen Aufwendungen als Werbungskosten absetzen. Die Möglichkeiten sind dabei wirklich vielfältig, es können Kosten entstehen für:

- Bewerbungsfotos
- Büromaterial (z. B. Bewerbungsmappe, Klarsichtfolien, Stifte usw.)
- Druckkosten
- Porto und Versand
- Bewerbungsratgeber und Coaching bzw. Seminare

Für alle, die diese Kosten nicht einzeln aufschlüsseln möchten und können, gibt es auch hier einen meist anerkannten Richtwert. So kann man für eine schriftliche Bewerbung 8,50 Euro und für eine digitale Bewerbung 2,50 Euro ansetzen, hat das Finanzgericht Köln in einem Urteil entschieden (FG Köln, Urteil v. 7.7.2004, Az. 7 K 932/03).

Zusätzlich zu diesen Kostenpunkten gibt es noch zwei weitere Möglichkeiten:

1. Fahrt-, Reise- und Übernachtungskosten

Um an einem vorbereitenden Seminar oder einem persönlichen Bewerbungsgespräch teilzunehmen, muss man dorthin fahren, fliegen oder auch laufen. Die dabei zurückgelegte Strecke kann man entweder mit den konkreten Kosten (Flug-, Zug-, Busticket) absetzen oder aber man bedient sich der Kilometerpauschale mit 30 Cent pro Kilometer, die sogar für den Hin- und Rückweg angesetzt werden darf. Ist man z. B. zu einem 300 km entfernten Gespräch gefahren, ergibt das für beide Strecken 600 km und dafür gibt es 30 Cent pro Kilometer, also absetzbare Kosten von 180 Euro.

2. Verpflegungsmehraufwand

Bei einer Abwesenheit von mehr als 8 Stunden von zu Hause kann man außerdem den Verpflegungsmehraufwand ansetzen (Werte dazu im Steuertipp 25).

Formular:	Anlage N
Bereich:	Weitere Werbungskosten
Zeile:	65
Eintragung:	Bezeichnung der Bewerbungskosten
Betrag:	tatsächliche Kosten oder errechneter Betrag (pauschal)

Steuertipp 38

Fachbücher und Fachliteratur

Unsere Arbeitswelt verändert sich immer schneller und der Bedarf an Fachinformationen wächst stetig. Neben klassischen Fachbüchern und Zeitschriften gibt es immer häufiger digitale Quellen für das Fachwissen in Form von E-Books und E-Magazinen – mit den dazugehörigen Abonnements. Hattest du Ausgaben für Fachliteratur und hatte diese klar einen fachlichen Bezug zum Beruf, dann sind die Kosten als Arbeitsmittel absetzbar. Schließlich dienen die Informationen einem beruflichen oder betrieblichen Zweck und damit früher oder später der Einkommenserzielung oder -sicherung.

Allgemeinbildende Literatur kann zwar indirekt auch der beruflichen Qualifikation dienen, in diesem Fall ist aber ein privater Nutzen so groß, dass die Kosten für solche Werke meist nicht abgezogen werden dürfen. Der direkte Bezug zur Tätigkeit der Person ist im Einzelfall entscheidend. Ein Börsenratgeber ist für einen Wirtschaftsjournalisten eher ein Arbeitsmittel als für einen Privatanleger, ein spezielles Wörterbuch bei einer Lehrkraft eher als bei einer Architektin.

Hinweis: Siehe unbedingt auch Steuertipp 40. Dort erkläre ich, inwieweit man die Kosten für dieses Buch hier auch als Werbungskosten absetzen kann.

Formular: Anlage N
Bereich: Aufwendungen für Arbeitsmittel
Zeile: 57
Eintragung: Art der Fachliteratur (ergänzt durch Titel und Thema)
Betrag: selbst getragene Anschaffungskosten

Steuertipp 39

Kontoführungsgebühren – Girokonto

Immer mehr Banken erheben Kontoführungsgebühren fürs Girokonto, obwohl ihre Kunden das missbilligen. Tägliche Zahlungen, Überweisungen und das Gehalt werden durch das Girokonto abgewickelt. Und da werden wir hellhörig, denn klar: Einen Teil des Girokontos verwenden wir durch den Gehaltseingang beruflich.

Auch hier liegt also zumindest teilweise ein Bezug zur Einkommenserzielung vor und es handelt sich damit um Werbungskosten. Leider bezieht sich das aber nicht auf die gesamten gezahlten Kontogebühren, sondern nur auf den beruflich veranlassten Teil. Spätestens jetzt fragt sich jeder normale Mensch, wie man das denn voneinander trennen soll, und auch die Banken stellen ja nur eine Gesamtrechnung für die Kontoführungsgebühren ohne Aufteilung zwischen privater und beruflicher Verwendung.

Es geht! Und zwar ganz einfach. Denn mittlerweile hat sich, wie bei den Arbeitsmitteln mit der »110-Euro-Pauschale« auch für die Kontoführungsgebühren eine Nichtbeanstandungsgrenze etabliert, und zwar 16 Euro pro Jahr. Das wird fast immer akzeptiert und erspart mühsame Diskussionen und Rückfragen des Finanzamts.

Betriebliche Geschäftskonten sind hiervon selbstverständlich nicht betroffen und sind komplett als Betriebsausgaben ansetzbar.

Formular:	Anlage N
Bereich:	Weitere Werbungskosten
Zeile:	57
Eintragung:	Girokontogebühren
Betrag:	tatsächliche Kosten oder 16 Euro

Steuertipp 40

Kosten für Steuererklärung und Steuerhilfe

So viel vorweg: Die Anschaffungskosten für dieses Buch kannst du ebenfalls als Werbungskosten absetzen. Gut, oder? Zwar zählt das Buch nicht als absetzbares Arbeitsmittel, aber es hilft bei der Steuererklärung und dort bei der Ermittlung der Einkünfte z.B. durch Steuertipps zu Werbungskosten in der Anlage N. Und solche Kosten können abgesetzt werden.

Das gilt in der Praxis für diesen und andere Steuerratgeber ebenso wie für eine kostenpflichtige Steuererklärungssoftware, die Beiträge für einen Lohnsteuerhilfeverein und auch Steuerberatergebühren. Allerdings sind auch hier nicht alle Kosten direkt absetzbar, daher ist eine Aufteilung der Kosten erforderlich.

Um es an dieser Stelle nicht zu kompliziert werden zu lassen, nenne ich die vereinfachten Varianten, die für die meisten Privatpersonen relevant und ausreichend sind:

1. Bis zu einem Betrag von 100 Euro muss für solche Kosten keine Aufteilung erfolgen, sie sind vollständig absetzbar.
2. Oder aber man wählt die pauschale Aufteilung und setzt nur die Hälfte der angefallenen Kosten an, was sich im Verhältnis zur ersten Variante rechnerisch ab einem Betrag von 202 Euro lohnt (202 Euro: 2 = 101 Euro absetzbare Werbungskosten).

Bei sehr hohen individuellen Kosten für einen Steuerberater bleibt aber ergänzend der Weg des Einzelnachweises, indem die Steuerberaterin oder der Steuerberater auf der Rechnung die absetzbaren Gebührenanteile aufteilt und einzeln ausweist. Dann ist alles, was an Leistung rund um die Ermittlung von Einkünften abgerechnet und bezahlt wurde, zu 100 Prozent absetzbar.

Formular:	Anlage N
Bereich:	Weitere Werbungskosten
Zeile:	65
Eintragung:	Name der Steuersoftware bzw. Art der steuerlichen Beratung
Betrag:	tatsächliche Kosten bis 100 Euro, darüber hinaus hälftiger Ansatz der Kosten

Steuertipp 41

Gewerkschaftsbeiträge und Berufsverbände

In vielen Berufsgruppen gibt es Verbände und Interessenvertretungen, bei denen man Mitglied werden kann oder oftmals sogar muss, wobei die Mitgliedschaft kostenpflichtig ist (Beamtenbund, Ärzte- und Handwerkskammer, Berufsgenossenschaften und viele mehr). Dazu kommen die Gewerkschaften mit fast sechs Millionen Mitgliedern.

Die Mitgliedsbeiträge oder -gebühren der Gewerkschaften, Verbände und Interessenvertretungen zählen zu den Werbungskosten und sind in der Steuererklärung absetzbar. In der Regel wird für die erhobenen Beiträge automatisch eine Bescheinigung erstellt. Es gibt keine Pauschalen oder Kürzungen – der volle Betrag ist absetzbar.

Wichtig: Die an Versorgungseinrichtungen des jeweiligen Berufsverbandes gezahlten Beiträge sind nicht als Werbungskosten, sondern in der Regel als Vorsorgeaufwendungen absetzbar (siehe Steuertipp 56).

Formular:	Anlage N
Bereich:	Beiträge zu Berufsverbänden
Zeile:	56
Eintragung:	Name der Gewerkschaft bzw. Berufsverbandes
Betrag:	tatsächliche Kosten

Steuertipp 42

Unfallversicherung (beruflicher Anteil)

Beiträge zu bestimmten Versicherungen sind Vorsorgeaufwendungen und können durch das Eintragen in der entsprechenden Anlage der Steuererklärung abgesetzt werden. Allerdings gibt es Versicherungen, die einen unter Umständen auch bei der Arbeit schützen, wie z.B. eine private Unfallversicherung. Ihr Schutz gilt meist weltweit und das sowohl im privaten als auch im beruflichen Alltag.

Daher erscheint es sinnvoll, wenn du den Versicherer um eine Bestätigung bittest, mit der du nachweisen kannst, wie groß der Anteil des Versicherungsbeitrags für den beruflichen Schutz ist. Diesen Teil kannst du als Werbungskosten absetzen. Bei den Vorsorgeaufwendungen gibt es nämlich Höchstsätze, die man meist schon durch die gesetzlichen Renten- und Krankenversicherungsbeiträge ausschöpft. Im Bereich der Werbungskosten gibt es jedoch diese Höchstsätze für Versicherungsbeiträge nicht.

Formular:	Anlage N
Bereich:	Weitere Werbungskosten
Zeile:	65
Eintragung:	Versicherungsart (beruflicher Anteil)
Betrag:	Beitragsanteil für beruflichen Bezug

Steuertipp 43

Rechtsschutzversicherung (beruflicher Anteil)

Ähnliches wie bei der Unfallversicherung (Steuertipp 40) gilt auch für Beiträge, die du an eine Rechtsschutzversicherung für den Arbeitsrechtsschutz entrichtet hast. Auch hier besteht ja ein beruflicher Bezug für diesen Teilbereich des Schutzes und die darauf entfallenden Beiträge stellen dadurch ebenfalls Werbungskosten dar.

Du kannst einfach eine Beitragsbescheinigung des Versicherers mit dem Beitrag für den Arbeitsrechtsschutz anfordern. Einige Versicherungsgesellschaften versenden diese Information allerdings auch schon automatisch.

Formular:	Anlage N
Bereich:	Weitere Werbungskosten
Zeile:	65
Eintragung:	Versicherungsart (beruflicher Anteil)
Betrag:	Beitragsanteil für beruflichen Bezug

Steuertipp 44

Umzugskosten (beruflich) – allgemeine Umzugskosten

Der beruflich bedingte Umzug ist ein klassisches Beispiel dafür, was Werbungskosten sind. Anders als ein rein privat veranlasster Umzug, dessen Kosten nur als haushaltsnahe Aufwendungen abgesetzt werden können (Steuertipp 18), sind die Möglichkeiten, die Kosten steuerlich geltend zu machen, bei einer beruflichen Veranlassung deutlich größer.

Ein Umzug wird z. B. bei folgenden Fällen zumeist als beruflich bedingt gewertet:

- Wechsel der Arbeitsstelle
- Versetzung an einen anderen Ort
- Umzug für erstmaligen Arbeitsantritt
- Beginn oder Ende einer doppelten Haushaltsführung (Steuertipp 46)

Ein weiterer Umzugsgrund führt in der Praxis nicht selten zu Diskussionen mit der Finanzverwaltung: Die Verkürzung des Arbeitsweges. Dank einiger Gerichtsurteile hast du aber gute Chancen, wenn du die regelmäßige Fahrtzeit zur Arbeitsstelle durch den Umzug um eine Stunde pro Tag (Hin- und Rückweg) verkürzt.

Erfüllst du eine oder mehrere der genannten Voraussetzung, dann kommt der Abzug als Werbungskosten infrage und bringt vielfältige Möglichkeiten mit sich:

- tatsächlich entstandene Fahrtkosten oder pauschal mit 30 Cent pro Kilometer (für Hin- und Rückweg beim Umzug, den Fahrten zu Besichtigungsterminen sowie der Wohnungsübergabe)
- Kosten für Umzugsfirma, Helfer oder Montage
- Kosten für Verpackungsmaterial (Kartons, Folien)
- Gebühren für Halteverbotszone(n)
- Vermittlungs- und Maklergebühren (nur bei Mietobjekten)
- Miete (bis zu sechs Mieten für die alte Wohneinheit und drei für die neue, wenn zwei Mieten gezahlt werden müssen, falls die neue Wohneinheit noch nicht nutzbar ist).

Formular:	Anlage N
Bereich:	Weitere Werbungskosten
Zeile:	65
Eintragung:	Art der Umzugskosten
Betrag:	angefallene Kosten

Steuertipp 45

Umzugskosten (beruflich) – Umzugskostenpauschale

Zusätzlich zu den im vorherigen Steuertipp 44 genannten (direkten) Umzugskosten gibt es aber auch häufig weitere Kosten, die ein Orts- und Wohnungswechsel mit sich bringt. Sei es der fachgerechte Anschluss der elektrischen Geräte, Umschreibungsgebühren für Personalausweis und Kfz-Ummeldung inklusive Kennzeichen oder auch Trinkgelder und Verpflegungskosten für Umzugshelfer. Für diese sonstigen Kosten darf statt einer mühseligen Einzelaufstellung mit Nachweis die Umzugskostenpauschale genutzt werden, die sich nach Familienstand und der Anzahl der umziehenden Personen richtet.

Seit 01.06.2020 gilt diese Tabelle aus dem Bundesumzugskostengesetz:

Umzugszeitpunkt	Berechtigte Person	Jede weitere Person
01.06.2020 bis 31.03.2021	860 Euro	573 Euro
01.04.2021 bis 31.03.2022	870 Euro	580 Euro
ab 01.04.2022	886 Euro	590 Euro

Zu den weiteren Personen zählen derzeit Ehepartner, Lebenspartner, ledige Kinder sowie Stief- und Pflegekinder.

Formular: Anlage N
Bereich: Weitere Werbungskosten
Zeile: 65
Eintragung: Umzugskostenpauschale
Betrag: Pauschalbetrag nach Anzahl der Personen (siehe Tabelle)

Steuertipp 46

Doppelte Haushaltsführung (Zweitwohnsitz)

Neben den in den vorhergehenden Steuertipps erklärten Umzugskosten sind auch Kosten, die für einen beruflich bedingten Zweitwohnsitz anfallen, steuerlich absetzbar. Um einen Zweitwohnsitz steuerlich anerkannt zu bekommen, werden seit 2020 vier Voraussetzungen geprüft:

1. Durch den neuen Zweitwohnsitz wird mindestens die Hälfte der regelmäßigen Fahrzeit zur Arbeit eingespart.
2. Der Erstwohnsitz liegt mehr als 50 km von der neuen Tätigkeitsstätte entfernt oder ist in einer Stunde von dort erreichbar.
3. Der Zweitwohnsitz sollte nicht weiter als 50 km von der neuen Tätigkeitsstätte entfernt liegen.
4. Der Mittelpunkt des Privat- und Familienlebens liegt weiterhin am ersten Wohnsitz und man zahlt dort mindestens 10 Prozent der Kosten. Am 12.01.2023 wurde hierzu unter dem Aktenzeichen VI R 39/19 ein Urteil gefällt, welches das bestätigt!

Sind alle Voraussetzungen erfüllt, können die Kosten (Warmmiete, Internet, Strom und Gas etc.) für den Zweitwohnsitz bis maximal 1.000 Euro monatlich berücksichtigt werden.

Darüber hinaus sind notwendige Einrichtungsgegenstände und Hausrat in voller Höhe absetzbar und werden nicht auf die Begrenzung angerechnet – die Kosten müssen allerdings angemessen sein und bei Geräten und Möbeln ggf. auf mehrere Jahre abgeschrieben, also verteilt werden (siehe Steuertipp 94).

Außerdem darf man für die ersten drei Monate nach dem Umzug in den neuen Wohnsitz zusätzlich den Verpflegungsmehraufwand geltend machen (siehe Steuertipp 25).

Für Fahrten zum Erstwohnsitz, an dem sich der Lebensmittelpunkt befinden muss, akzeptiert das Finanzamt einmal wöchentlich eine Heimfahrt und man kann für diesen Weg die Entfernungspauschale (30 Cent pro km/35 Cent ab dem 21. km) nutzen.

Formular: Anlage N–Doppelte Haushaltsführung
Bereich: Mehraufwendungen für doppelte Haushaltsführung
Zeilen: 4–34
Eintragung: diverse Angaben zum Zweitwohnsitz
Betrag: angefallene Kosten

Steuertipp 47

Werbungskosten (Rentner)

Generell sind Werbungskosten Ausgaben, die im Zusammenhang mit jetzigen und späteren Einkünften anfallen. Das gilt selbstverständlich auch für Rentenzahlungen und daher auch für Rentnerinnen und Rentner.

Auch wenn die steuerlichen Möglichkeiten vielleicht nicht mehr ganz so vielfältig sind wie zur normalen Erwerbszeit mit täglichen Fahrwegen, benötigten Arbeitsmitteln und beruflichen Versicherungen, so gibt es dennoch auch als Rentner gewisse absetzbare Werbungskosten. Das können u. a. sein:

- Steuerberater (Kostenanteil für Anlage R)
- Steuererklärungssoftware (bis 100 Euro ohne Kürzung)
- Rentenberater
- Kosten für Beantragung der Rente (Kilometerpauschale, Telefonkosten, Bürobedarf, Porto usw.)
- Gewerkschaftsbeiträge
- Kontoführungsgebühr (Nichtbeanstandungsgrenze meist 16 Euro)
- Rechtsanwalts- und Gerichtsgebühren bei Rentenstreitigkeiten

Wichtig: Bei Rentnerinnen und Rentnern wird ebenfalls automatisch ein Werbungskostenpauschbetrag vom Finanzamt berücksichtigt, der 102 Euro pro Jahr und Person beträgt. Liegen die eigenen, nachweisbaren Kosten darüber, dann unbedingt in der Steuererklärung eintragen und dadurch Steuern sparen.

Formular:	Anlage R
Bereich:	Werbungskosten
Zeilen:	25 und 26 (je nachdem, zu welcher Rentenart die Kosten gehören)
Eintragung:	Art der Werbungskosten (siehe oben im Text)
Betrag:	entstandene Kosten

Teil 5:
Außergewöhnliche Belastungen – wenigstens absetzen!

Eine Aufgabe der Steuererklärung besteht darin, neben der Feststellung der Einkünfte mögliche finanzielle Ungleichheiten durch Steuervorteile etwas abzumildern. So gibt es einen speziellen Entlastungsbetrag für Alleinerziehende, man kann einen Behindertenpauschbetrag je nach Grad der Behinderung angerechnet bekommen und man kann eben auch Kosten geltend machen, die zu den sogenannten außergewöhnlichen Belastungen zählen und die im Leben unfreiwillig eintreten können.

Grundsätzlich sind außergewöhnliche Belastungen Kosten, die dem Großteil der Steuerzahler üblicherweise nicht entstehen, denen man sich nicht entziehen kann (die **zwangsläufig** sind), die darüber hinaus **selbst getragen** wurden und einen zumutbaren Eigenanteil übersteigen.

Wichtig: Dieser zumutbare Eigenanteil berechnet sich individuell nach dem Familienstand und der Anzahl der Kinder und wird dann prozentual anhand des Einkommens berechnet. Folgende Werte müssen dabei überschritten werden:

Familienstand	Jahreseinkünfte in Euro		
	bis 15.340,–	bis 51.130,–	über 51.130,–
Ledige ohne Kind	5 Prozent	6 Prozent	7 Prozent
Verheiratete ohne Kind	4 Prozent	5 Prozent	6 Prozent
mit 1 oder 2 Kindern	2 Prozent	3 Prozent	4 Prozent
mit mehr als 2 Kindern	1 Prozent	1 Prozent	2 Prozent

Jede Stufe wird dabei einzeln berechnet.

Eine ledige Person mit einem Kind und Brutto-Jahreseinkünften von 35.340 Euro müsste demnach eine zumutbare Eigenbelastung von 906,80 € selbst tragen (1. Stufe 2 Prozent von 15.340 Euro = 306,80 € + 2. Stufe 3 Prozent von 20.000 Euro = 600 Euro).

Steuertipp 48

Medikamente und Hilfsmittel

Auch wenn ein nicht unerheblicher Teil der Kosten für medizinisch notwendige Medikamente und Hilfsmittel von der Krankenkasse oder der privaten Krankenversicherung übernommen wird, bleibt immer häufiger ein selbst zu zahlender Anteil für Versicherte übrig. Diese Ausgaben zählen zu den außergewöhnlichen Belastungen!

Wichtig: Nur ärztlich verordnete Medikamente, für die ein Rezept vorliegt, können hierbei berücksichtigt werden – für die private Haushaltsapotheke rein vorsorglich angeschaffte Schmerzmittel oder Ähnliches zählen ausdrücklich nicht dazu.

Medizinische Hilfsmittel, auf die man hingegen in der Regel angewiesen ist, die aber kaum mehr von den Krankenkassen übernommen werden, sind Brillen und Kontaktlinsen. Betroffene geben hierfür nicht selten einen dreistelligen Betrag innerhalb eines Jahres oder bei Neuanschaffung einer Brille aus. Auch diese Kosten können ebenfalls zu den außergewöhnlichen Belastungen zählen und sind damit steuerlich nutzbar.

Wichtig: Auch die Sehhilfe muss von einem Arzt verschrieben sein. Es reicht für die erstmalige Beantragung nicht aus, nur beim Optiker die Sehschärfe bestimmen zu lassen.

Formular:	Anlage Außergewöhnliche Belastungen
Bereich:	Andere Aufwendungen
Zeile:	19–21
Eintragung:	Art der Belastung
Betrag:	Höhe der Belastung und daneben eventuelle Erstattungen

Steuertipp 49

Arzt- und Behandlungskosten

Dieser Punkt betrifft eher Privatversicherte, kann aber auch für gesetzlich Versicherte relevant sein, denn genau wie bei Medikamenten müssen Versicherte teilweise gewisse Behandlungen selbst bezahlen. Ein medizinischer Bereich, in dem z.B. auch gesetzlich Versicherte immer größere Eigenanteile tragen müssen, die sich zu hohen Beträgen addieren können, ist der Zahnersatz. So kostet eine Krone oder ein Inlay mindestens 1.000 Euro, wovon die Krankenversicherung nur einen gewissen Prozentsatz übernimmt. Den Rest der Kosten muss die oder der Versicherte aus eigener Tasche bezahlen. Um diese finanzielle Belastung etwas zu senken, kann man solche Kosten ebenfalls in der Steuererklärung als außergewöhnliche Belastung absetzen.

Wichtig: Es muss immer eine medizinische Notwendigkeit gegeben sein und eine ärztliche Anordnung vorliegen – kosmetische oder rein vorsorgliche Untersuchungen und Behandlungen können steuerlich nicht geltend gemacht werden.

Formular:	Anlage Außergewöhnliche Belastungen
Bereich:	Andere Aufwendungen
Zeile:	19–21
Eintragung:	Art der Belastung
Betrag:	Höhe der Belastung und daneben eventuelle Erstattungen

Steuertipp 50

Beerdigung

Die Beerdigung eines geliebten Menschen kann heutzutage je nach Ausgestaltung mehrere Tausend Euro kosten. Um der verstorbenen Person einen würdigen Abschied zu ermöglichen und vielleicht sogar dem letzten Wunsch nachzukommen, nehmen die Hinterbliebenen diese hohen Kosten in Kauf. Steuerlich können Betroffene dies in der Steuererklärung als außergewöhnliche Belastung absetzen.

Wichtig: Nur Kosten, die das Erbe übersteigen, können abgesetzt werden und auch nur Kosten für die Grabstätte, den Sarg oder die Urne, eine Todesanzeige, Blumen und Kränze. Die Trauerfeier selbst und die Trauerkleidung zählen genau wie An- und Abreisekosten nicht dazu.

Formular:	Anlage Außergewöhnliche Belastungen/Pauschbeträge
Bereich:	Andere Aufwendungen
Zeile:	28–30
Eintragung:	Art der Belastung
Betrag:	Höhe der Belastung und daneben eventuelle Erstattungen

Steuertipp 51

Pflege(pauschbetrag)

Immer mehr Menschen in Deutschland müssen gepflegt werden und diese Pflege kostet in der Regel Geld.

Absetzbar sind in diesem Bereich:
- Unterbringung im Pflegeheim
- ambulante Pflege im Pflegeheim
- häusliche Pflege durch eine Pflegekraft

Erstattete Kosten durch Versicherungen sind für die Berechnung der absetzbaren außergewöhnlichen Belastungen abzuziehen.

Pflegt man hingegen unentgeltlich einen nahen Angehörigen und das entweder im eigenen Haushalt oder im Haushalt der pflegebedürftigen Person, dann besteht die Möglichkeit, stattdessen den Pflegepauschbetrag zu nutzen, um keine Kosten einzeln nachweisen zu müssen. Der Pflegepauschbetrag richtet sich nach dem Pflegegrad der gepflegten Person – so beträgt dieser
- 600 Euro beim Pflegegrad 2,
- 1.100 Euro beim Pflegegrad 3 und
- 1.800 Euro bei den Pflegegraden 4 und 5.

Außerdem wird der Pflegepauschbetrag nicht um den zumutbaren Eigenanteil gekürzt und vollständig angerechnet.

Formular:	Anlage Außergewöhnliche Belastungen/Pauschbeträge
Bereich:	Pflege-Pauschbetrag/Andere Aufwendungen
Zeilen:	11–16 (Pflege-Pauschbetrag)/31–33 (Pflegekosten)
Eintragung:	Art der Belastung/Angaben zum Pflegenden; Name, Anschrift und Verwandtschaftsverhältnis der gepflegten Person plus Pflegegrad
Betrag:	Höhe der Belastung und daneben eventuelle Erstattungen; Pflegepauschbetrag wird automatisch berechnet.

Teil 6: Versicherungen

Versicherungen schließt man entweder freiwillig oder verpflichtend ab, um im Ernstfall vor den finanziellen Folgen ungewollter Ereignisse geschützt zu sein oder, wie man häufig hört, »für den Ernstfall« vorzusorgen. Und genau diesen Vorsorgegedanken will der Gesetzgeber honorieren, weswegen Beiträge für viele Versicherungsarten zu einem gewissen Teil oder sogar vollständig als Vorsorgeaufwendungen in der Steuererklärung abgesetzt werden können.

Dabei gilt allerdings für alle Versicherungsbeiträge zusammen eine Höchstgrenze pro Jahr

- von 1.900 Euro für Personen, die Anspruch auf einen steuerfreien Zuschuss zur Krankenversicherung haben (z. B. durch einen Arbeitgeberanteil zur Krankenversicherung wie bei Angestellten) oder aber
- von 2.800 Euro für alle, die ihre Krankenversicherung vollständig selbst bezahlen.

Je nach Einkommen ist also schon durch die normalen Beiträge zur Kranken- und Pflegeversicherung dieser Höchstbetrag ausgeschöpft und weitere Beiträge zu gewissen privaten Versicherungsverträgen wirken sich nicht mehr steuerlich aus. In einem solchen Fall kann man sich die Mühe sparen, diese Beiträge extra in der Steuererklärung einzutragen. Wer auf Nummer sicher gehen will, kann sie natürlich dennoch eintragen, schlimmstenfalls werden sie vom Finanzamt einfach nicht beachtet.

Außerdem ist nicht jede Art von Versicherung steuerlich absetzbar, anders als viele es zu wissen glauben. Ebenfalls zu berücksichtigen ist immer die Frage, ob eine Versicherung einen beruflichen Bezug hat, da dann, wenn das zutrifft, andere Regeln gelten. In den Steuertipps 42 und 43 habe ich jeweils nützliche Informationen rund um den beruflichen Anteil einer Unfall- und einer Rechtsschutzversicherung gegeben, die in diesem Zusammenhang wieder wichtig sind.

In der Steuererklärung führt bei Privatpersonen der Bereich Versicherungen und Vorsorgeaufwendungen oft zu Fragezeichen beim Ausfüllen. Dabei kann es recht einfach sein. Eines der wichtigsten Hilfsmittel ist gerade bei Angestellten, Beamten und Azubis hierfür die einmal im Jahr erstellte Lohnsteuerbescheinigung, die man von der Firma bzw. dem Arbeitgeber erhalten muss. Darin finden sich schon ein großer Teil der Werte, die man anschließend einfach nur in die Steuererklärung überträgt.

Steuertipp 52

Kranken- und Pflegeversicherung (gesetzlich und privat)

In Deutschland gilt seit Jahren die Pflicht, dass jede Person in einer Kranken- und Pflegeversicherung versichert sein muss. Diese Pflicht kann sowohl durch die gesetzliche Versicherungsform, als auch – bei Erfüllung gewisser Voraussetzungen – durch eine private Kranken- und Pflegeversicherung abgedeckt sein. Die dafür entrichteten Beiträge zählen dabei steuerlich als Vorsorgeaufwendungen und fallen in den Bereich der Sonderausgaben, die das zu versteuernde Einkommen senken.

Wichtig: Von der in der Kapiteleinleitung genannten Höchstgrenze gibt es bei der Kranken- und Pflegeversicherung eine wichtige Ausnahme: Beiträge, die dabei für die Basisabsicherung und nicht für Wahlleistungen (Chefarztbehandlung, 1- und 2-Bett-Zimmer usw.) gezahlt wurden, können **ohne Begrenzung** abgesetzt werden.

Bei der privaten Krankenversicherung muss die Versicherung aus diesem Grund auf ihrer Beitragsbescheinigung die jeweiligen Anteile aufschlüsseln. Die gesetzliche Krankenversicherung und generell die Pflegepflichtversicherung (egal ob privat oder gesetzlich) erfüllt diese Voraussetzung immer und alle Beiträge sind dadurch vollständig absetzbar. Einzig 4 Prozent davon werden vom Finanzamt immer pauschal gekürzt.

Bei der Steuererklärung sollte man also seine Beitragsbescheinigung oder die Lohnsteuerbescheinigung des Arbeitgebers bereithalten, um die Eintragungen entsprechend zu machen. Auch erstattete Beiträge müssen angegeben werden. Beiträge zu zusätzlichen Wahlleistungen oder Kranken- und Zahnzusatzversicherungen, aber auch eigenständig abgeschlossenen Zusatz-Pflegeversicherungen sind nur bis zu den Höchstgrenzen absetzbar und wirken sich oft nicht steuerlich aus.

Formular:	Anlage Vorsorgeaufwand
Bereich:	Beiträge zur inländischen gesetzlichen Kranken- und Pflegeversicherung Beiträge zur inländischen privaten Kranken- und Pflegeversicherung
Zeilen:	11–22 (gesetzlich), 23–27 (privat)
Eintragung:	vorgegeben
Betrag:	laut Lohnsteuerbescheinigung oder Beitragsbescheinigung

Steuertipp 53

Private Kranken- und Pflegeversicherung im Voraus zahlen

Auf den vorherigen Seiten bin ich bereits auf die Höchstgrenze bei Vorsorgeaufwendungen eingegangen und habe erklärt, dass aufgrund der Höchstgrenze die sonstigen Beiträge zu anderen Versicherungen häufig keinen steuerlich positiven Effekt mehr haben bzw. sich nicht steuermindernd auswirken können. Um dies zu umgehen, gibt es aber einen Steuertrick, der, wie im Folgenden beschrieben, tatsächlich erlaubt ist und genutzt werden kann.

Statt wie sonst üblich die Beiträge zur privaten Kranken- und Pflegeversicherung Monat für Monat zu zahlen, besteht rechtlich die Möglichkeit, für bis zu drei Kalenderjahre im Voraus den Beitrag auf einmal zu entrichten. Wie ich bereits gezeigt habe, sind die Beiträge für die Basisabsicherung und die Pflegeversicherung ohne Begrenzung absetzbar – zahlt man also seine Beiträge gesammelt im Voraus, dann kann man in diesem Jahr direkt die entsprechenden Beiträge absetzen.

Diese Zahlung im Voraus sorgt dafür, dass in den Folgejahren – je nachdem, für wie lange man im Voraus bezahlt hat – der Höchstbetrag jetzt für die Beiträge der Wahlleistungen, Haftpflicht- und Arbeitslosenversicherung, Berufsunfähigkeits- und Unfallversicherung angerechnet werden können und diese nicht steuerlich ungenutzt verpuffen.

Dazu fragst du bei deinem Versicherer an, wie die Regelungen für eine Zahlung im Voraus sind, ob es dafür sogar noch eine Vergünstigung gibt und ob bestimmte Voraussetzungen daran geknüpft sind. Anschließend überweist du den vereinbarten Betrag und kannst dann in den Folgejahren ordentlich Steuern sparen. Bei einem persönlichen Steuersatz von z. B. 40 Prozent sparst du in Bezug auf die vollen 2.800 Euro immerhin 1.120 Euro pro Jahr und bei einem Steuersatz von 45 Prozent sogar 1.260 Euro. Aber auch bei einem geringeren Einkommen (und Steuersatz) sowie weniger sonstigen Vorsorgeaufwendungen als die genannten 2.800 Euro ist der Steuervorteil in der Regel dreistellig.

Eintragungshinweis siehe Box im vorhergehenden Steuertipp 52.

Steuertipp 54

Arbeitslosenversicherung

Beiträge zur gesetzlichen Arbeitslosenversicherung zählen grundsätzlich auch zu den absetzbaren Vorsorgeaufwendungen, wirken sich aber nur bis zur genannten Höchstgrenze aus. Doch gerade wer nur ein geringes Jahreseinkommen hat, weil vielleicht nicht das ganze Jahr durchgearbeitet wurde, der sollte die Beiträge unbedingt in der Steuererklärung eintragen oder wenn man auf Nummer sicher gehen möchte. Der Aufwand hält sich dafür ja ohnehin in Grenzen, da der Wert (zumindest bei Angestellten und Arbeitern) einfach aus der Zeile 27 der Lohnsteuerbescheinigung zu entnehmen ist. Bei mehreren Lohnsteuerbescheinigungen (z. B. durch verschiedene Arbeitgeber) addiert man die einzelnen Werte und trägt dann nur die Summe für das Gesamtjahr in der Steuererklärung ein.

Formular:	Anlage Vorsorgeaufwand
Bereich:	Weitere sonstige Vorsorgeaufwendungen
Zeile:	43 oder 44
Eintragung:	vorgegeben
Betrag:	laut Lohnsteuerbescheinigung oder Beitragsbescheinigung

Steuertipp 55

Private Versicherungen: Unfall-, Haftpflicht- und Todesfallversicherung

Schöpfst du mit deinen Beitragszahlungen für die Kranken-, Pflege- und Arbeitslosenversicherung die Höchstbeträge noch nicht aus, dann kannst du darüber hinaus auch die Beiträge für einige private Versicherungen als Vorsorgeaufwendungen absetzen. Dazu zählen:

- Unfallversicherung (Steuertipp 42 beachten)
- private Haftpflichtversicherung (z.B. Privathaftpflicht-, Kfz-Haftpflichtversicherung oder auch Tierhalter-Haftpflichtversicherung)
- reine Todesfallabsicherung (z.B. Risikolebensversicherungen)
- eigenständige Erwerbs- und Berufsunfähigkeitsabsicherungen (nicht gekoppelt an Sparverträge in Form einer Berufsunfähigkeits-zusatzversicherung)

Formular: Anlage Vorsorgeaufwand
Bereich: Weitere sonstige Vorsorgeaufwendungen
Zeilen: 45–48 (je nach Versicherungsart)
Eintragung: Art der Versicherung
Betrag: gezahlter Beitrag

Steuertipp 56

Altersvorsorgeaufwendungen (inklusive Versorgungswerke)

Im Bereich der Altersvorsorge hat sich mit der im Jahr 2005 eingeführten nachgelagerten Besteuerung einiges geändert. Seitdem sind einerseits Beiträge vor dem Rentenbezug steuerlich besser absetzbar und mindern damit das zu versteuernde Einkommen. Andererseits hat man dafür die Steuerpflicht für Rentenleistungen, die man erhält, eingeführt.

Um den Übergang einfacher zu machen und finanzielle Härtefälle zu vermeiden, wurde für beide Neueinführungen eine Übergangsphase verordnet, während der sowohl die Absetzbarkeit der Aufwendungen prozentual Jahr für Jahr steigt und gleichzeitig der Anteil, den man von den Rentenzahlungen prozentual versteuern muss, ebenfalls jährlich ansteigt.

Für die steuerliche Absetzbarkeit gilt eine von den sonstigen Vorsorgeaufwendungen unabhängige jährliche Höchstgrenze, die regelmäßig angepasst wird und für das aktuelle Steuerjahr 2023 für Ledige 26.528 Euro und für Ehepaare gemeinsam 53.056 Euro beträgt.

In den folgenden beiden Tabellen habe ich jeweils die Werte zur Absetzbarkeit (Tabelle 1) und zum zu versteuernden Anteil der Rente (Tabelle 2) aufgeführt. Damit es übersichtlich bleibt, habe ich nicht alle Vorjahre mit aufgeführt.

Die Absetzbarkeit startete im Jahr 2005 mit einem Wert von 60 Prozent, der jährlich um 2 Prozent gestiegen ist und ursprünglich im Jahr 2025 dann 100 Prozent erreichen sollte. Allerdings wurde im 3. Entlastungspaket beschlossen, dass man die vollständige Absetzbarkeit der Beträge doch vorzieht und nun ab dem Jahr 2023 keine anteilige Begrenzung mehr besteht und somit sämtliche gezahlte Altersvorsorgeaufwendungen bis zu den Höchstbeträgen absetzbar sind.

Ähnliches gilt für die Besteuerung, wobei man zwar ebenfalls im Jahr 2005, dort allerdings mit 50 Prozent gestartet ist und der Wert bis zum Jahr 2020 in 2-Prozent-Schritten angehoben wurde. Aktuell steigt dieser jährlich nur noch um ein Prozent bis 2040, wenn die Rentenzahlungen 100 Prozentig steuerpflichtig sein werden.

Tabelle 1 – absetzbarer Beitragsanteil in Prozent

Jahr	Absetzbarer Anteil
2018	86 Prozent
2019	88 Prozent
2020	90 Prozent
2021	92 Prozent
2022	94 Prozent
ab 2023	100 Prozent

Tabelle 2 – steuerpflichtiger Rentenanteil in Prozent

Jahr des Renteneintritts	Besteuerungsanteil in Prozent
2007	54
2008	56
2009	58
2010	60
2011	62
2012	64
2013	66
2014	68
2015	70
2016	72
2017	74
2018	76
2019	78
2020	80
2021	81
2022	82
2023	83
2024	84
2025	85
2026	86
2027	87

Jahr des Renteneintritts	Besteuerungsanteil in Prozent
2028	88
2029	89
2030	90
2031	91
2032	92
2033	93
2034	94
2035	95
2036	96
2037	97
2038	98
2039	99
2040	100

Formular: Anlage Vorsorgeaufwand
Bereich: Beiträge zur Altersvorsorge
Zeilen: 4–10 (je nach Beitragszweck)
Eintragung: vorgegebene Zeilenbeschriftung
Betrag: gezahlter Beitrag

Teil 7: Geldanlage und private Altersvorsorge

Auch wenn mit einem Tagesgeldkonto und klassischen Methoden der Geldanlage durch die Zinsanhebungen mittlerweile wieder mehr Rendite und Zinsen erwirtschaftet werden können, sind diese Anlageformen nicht so gewinnbringend wie die Investition in Aktien, ETFs oder sogar Kryptowährungen. Dennoch liegen mehr als eine Billion Euro immer noch auf wenig ertragreichen Sparbüchern, Giro- und Tagesgeldkonten und in Versicherungen. Da aber neben der Verzinsung von vermeintlich sicheren Anlagen gleichzeitig die Inflation steigt, ist es weiterhin sinnvoll, sich mit einer aktiven und gewinnbringenden Geldanlage zu beschäftigen – die Faszination Börse ist hier nach wie vor groß. Und genau wie die richtige Zusammenstellung des Vermögens sollten die steuerlichen Möglichkeiten diesbezüglich eine wichtige Rolle spielen.

Zinsen, Dividenden und Gewinne aus dem Verkauf von Wertpapieren zählen in der Steuererklärung nämlich zu den Kapitalerträgen und können dort größtenteils in den gleichnamigen Anlagen eingetragen werden.

Kryptowährungen spielen eine gesonderte Rolle, für die ein anderes Formular verwendet wird und die steuerlich besonders interessant sein können.

Daneben gibt es einige staatliche Förderungen (Zuschüsse und Steuervorteile), um mehr aus dem erwirtschafteten Geld zu machen, die ich ebenfalls in diesem Teil des Buches einfach erkläre.

Wer also in Zukunft seine Geldanlagen noch etwas optimieren und rentabler machen möchte, der sollte die folgenden Steuertipps kennen.

Steuertipp 57

Sparerpauschbetrag (und Freistellungsauftrag)

Auf Kapitalerträge fällt in Deutschland die sogenannte Kapitalertragsteuer in Höhe von 25 Prozent plus Solidaritätszuschlag und eventuell Kirchensteuer an, die man umgangssprachlich als »Abgeltungsteuer« bezeichnet. Hat man sich also gerade über Gewinne aus dem Verkauf einer Aktie oder eines anderen Wertpapiers gefreut oder gibt es eine Ausschüttung eines ETFs oder eine Dividendenzahlung, so führt der jeweilige Depotanbieter diese Steuer direkt ans Finanzamt ab. Das schmälert die Rendite deutlich und betrifft fast jeden Bereich, in dem Geld angelegt wird – also auch Bausparverträge, Banksparpläne, Sparbücher und Konten.

Der Staat möchte aber die normalen Sparer und Kleinanleger etwas entlasten und hat dafür steuerlich den sogenannten Sparerpauschbetrag geschaffen. Er betrug seit 2009 unverändert 801 Euro pro Jahr und Person. Bis zu diesem Betrag bleiben tatsächlich erzielte Kapitalerträge steuerfrei. Ab 2023 erhöht sich der Wert allerdings und beträgt nun 1.000 Euro pro Person und Jahr (siehe auch Steuertipp 83).

Der jeweilige Anbieter, bei dem Kapitalerträge angefallen sind, weiß natürlich nicht, wie hoch die Erträge der einzelnen Person innerhalb des Jahres insgesamt sind, und kann den Sparerpauschbetrag dadurch nicht automatisch berücksichtigen – die Steuer wird erst einmal direkt abgeführt.

Doch es gibt zwei Wege, wie du zu viel gezahlte Abgeltungsteuer wieder zurückerhältst:

- Du kannst dir entweder im Rahmen der Steuererklärung den Sparerpauschbetrag auf die insgesamt erzielten Zinsen und Ähnliches eines Jahres rückwirkend anrechnen lassen und bekommst zu viel abgeführte Abgeltungsteuer vom Finanzamt wieder.
- Du hinterlegst im Vorhinein bei deinem Anbieter einen Freistellungsauftrag, wodurch dieser dann auf Kapitalerträge bis zur hinterlegten Summe keine Abgeltungsteuer abführt.

Diesen Freistellungsauftrag kannst du auf einen oder mehrere Anbieter verteilen, wobei die Gesamtsumme den Betrag von 801 Euro bzw. ab 2023 von 1.000 Euro pro Person nicht übersteigen darf. Bei vielen Anbietern geht das schon elektronisch oder es gibt ein Formular dazu. So kann sich der Zinseszinseffekt besser auswirken und du musst dir das Geld nicht erst im Nachgang zurückholen.

Steuertipp 58

Günstigerprüfung bei Kapitalerträgen

In einigen Bereichen der Steuererklärung gibt es für ein und dieselbe Sache unterschiedliche Möglichkeiten der Berechnung und des Ansetzens von Kosten und steuermindernden Pauschalbeträgen. An diesen Stellen kommt dann die Günstigerprüfung zum Tragen, in deren Rahmen das Finanzamt prüfen muss, welche Variante die günstigste für den jeweiligen Steuerzahler ist.

Das geschieht teilweise automatisch wie bei der Frage »Kindergeld oder Kinderfreibetrag« oder auch bei Riesterverträgen, wo geprüft wird, ob die Zulage oder die Absetzung der gezahlten Beiträge als Sonderausgaben insgesamt lohnender ist.

Doch es gibt eben auch Bereiche, in denen man die Günstigerprüfung manuell beantragen muss. So zum Beispiel bei den Kapitalerträgen in der Anlage KAP, in der man einen entsprechenden Haken setzen kann. Das Finanzamt prüft dann, ob es für den Betroffenen steuerlich besser ist, die Kapitalerträge wie ursprünglich mit 25 Prozent plus Solidaritätszuschlag und Kirchensteuer zu versteuern oder aber mit dem persönlichen Steuersatz. Je nach Einkommen kann der eigene Steuersatz nämlich günstiger sein als die genannten 25 Prozent plus Abgaben (also 26,375 Prozent ohne Kirchensteuer).

Laut Grundtabelle für das Jahr 2023 fällt erst ab einem zu versteuernden Jahreseinkommen von circa 16.900 Euro ein Grenzsteuersatz auf die letzten Euros von 25 Prozent an. Bei Verheirateten liegt dieser Wert zusammen sogar bei 33.800 Euro. Gerade bei geringeren Einkünften lohnt sich dieses Feld in der Steuererklärung besonders und das Schöne ist: Du musst gar nicht vorher wissen, ob sich das bei deinem Einkommen lohnen würde, und irgendwelche Tabellen dazu lesen – das Finanzamt rechnet für dich und der Sachbearbeiter setzt immer die günstigere Variante an. Also einfach immer den Haken setzen und Steuerbescheid abwarten – wer den Haken nicht setzt, verschenkt diese Option.

Formular:	Anlage KAP
Bereich:	Anträge
Zeilen:	4–5
Eintragung:	Haken setzen
Betrag:	wird automatisch berücksichtigt (wenn der Haken gesetzt ist)

Steuertipp 59

Nichtveranlagungsbescheinigung

Ein weiterer wirkungsvoller Steuertipp bei geringen Einkünften und anfallenden Kapitalerträgen ist die sogenannte Nichtveranlagungsbescheinigung (kurz NV-Bescheinigung).

Liegen nämlich die gesamten zu versteuernden Einkünfte eines Jahres voraussichtlich unter dem im Steuertipp 1 erklärten Grundfreibetrag (2022: 10.347 Euro; 2023: 10.908 Euro pro Person), kannst du das dem Finanzamt im Voraus mitteilen und musst später keine Steuererklärung abgeben. Du erhältst dann die erwähnte NV-Bescheinigung, die z. B. überall dort, wo sonst automatisch Steuern abgezogen werden, vorgelegt werden kann. Besonders für Menschen mit geringen steuerpflichtigen Einkünften, die aber dennoch Kapitalerträge über dem neuen Sparerpauschbetrag von 1.000 Euro erzielen, lohnt sich das, damit keine Steuern abgezogen werden und auch hier der Zinseszinseffekt besser wirken kann.

Der Anbieter führt dann ähnlich wie beim Freistellungsauftrag keine Abgeltungsteuer auf die entstandenen Kapitalerträge ab, nur in diesem Fall eben bis zum deutlich höheren Grundfreibetrag. Die besagte NV-Bescheinigung kann bei Erfüllung der Voraussetzungen bis zu drei Jahre gültig sein.

Eine großartige Möglichkeit, die besonders Studierende, Azubis und auch teilweise Rentner, die Geld anlegen, für sich prüfen und ggf. in Anspruch nehmen sollten.

Wichtig: Solltest du allerdings später feststellen, dass du doch mit all deinen steuerpflichtigen Einkünften über dem Grundfreibetrag lagst, bist du verpflichtet, das dem Finanzamt mitzuteilen. Eine NV-Bescheinigung, die sonst bis zu drei Jahre gültig sein kann, wird dann wieder eingezogen und du verlierst dieses Privileg.

Steuertipp 60

ETF-Ausschüttungen und Aktiendividenden nutzen

Wer die vorherigen Steuertipps in diesem Teil zu Geldanlage sowie die Einleitung gelesen hat, kennt Begriffe wie Kapitalerträge, Abgeltungsteuer und Freistellungsauftrag. Sie sind für diesen Steuertipp ebenfalls wichtig.

Man kann nämlich durch das aktive Steuern der Zusammensetzung des eigenen Vermögens (Portfolio) Steuern sparen. Dazu macht man sich wiederum den Sparerpauschbetrag und idealerweise auch den Freistellungsauftrag zunutze.

Die Abgeltungsteuer wird nur auf wirklich ausgezahlte Beträge und Gewinne aus Wertpapieren fällig – und das ab einem Betrag von 1.000 Euro pro Person. Viele Anleger besparen oft einfach monatlich ihr Depot und lassen die Wertpapiere darin ansonsten einfach liegen. Steuerlich kann es sich aber lohnen, aktiv dafür zu sorgen, dass man innerhalb eines Jahres Dividenden und Ausschüttungen in Höhe dieses Sparerpauschbetrags ausgezahlt bekommt, da diese steuerfrei bleiben.

Das kannst du z. B. erreichen, indem du deinem Portfolio bewusst einen gewissen Anteil an ausschüttenden ETFs beimischst, statt nur thesaurierende (wiederanlegende) ETFs zu besparen und zu halten. Verkaufst du sonst später einen größeren Teil oder löst im Alter sogar das Depot ganz auf, müssen alle angesammelten Gewinne zu 70 Prozent (Aktien-ETF) oder 85 Prozent (Mischfonds unter 25 Prozent Aktienanteil) oder sogar komplett (wie bei Aktien) mit der Abgeltungsteuer versteuert werden – es droht eine hohe Nachzahlung.

Ausschüttende ETFs, Aktiendividenden oder ein bewusster Teilverkauf von Wertpapieren am Ende des Jahres kann dies frühzeitig mildern, indem du idealerweise deinen Sparerpauschbetrag jedes Jahr aufs Neue maximal ausnutzt. Immerhin beträgt die Steuerlast durch die Abgeltungsteuer mindestens 26,375 Prozent, und wenn du jedes Jahr Kapitalerträge in Höhe von 1.000 Euro oder bei Verheirateten sogar 2.000 Euro sparst, sind das rund 264 Euro bzw. 528 Euro an Steuerersparnis jedes Jahr. Du solltest also nicht einfach nur investieren und passiv liegen lassen, sondern zum Jahresende aktiv werden und Steuern sparen – auch so kannst du deine Nettorendite bei der Geldanlage nachhaltig steigern.

Steuertipp 61

Kryptowährungen

Bitcoin, Ethereum und Co. – heutzutage werden weltweit Hunderte von Kryptowährungen gehandelt und täglich dabei umgerechnet Milliarden an Euro transferiert. Die Schwankungen der Kurse sorgen dabei für lachende oder auch weinende Augen und überall dort, wo Gewinne erzielt werden, ist hierzulande auch das Finanzamt nicht weit. Aber auch Verluste können sich auf deine zu zahlenden Steuern auswirken, wie ich gleich noch erklären werde.

Lange Zeit war auch den Behörden nicht wirklich klar, wie man die neuen Kryptowährungen steuerlich behandeln und zuordnen möchte. Mittlerweile hat sich das geändert und Kryptowährungen zählen zu den sonstigen Wirtschaftsgütern und nicht zu Finanzprodukten oder Währungen im klassischen Sinn. Die Gewinne und Verluste, die aus dem Handel mit Kryptowährungen entstehen, werden demnach den »Sonstigen Einkünften« zugerechnet. Entsprechend werden die Gewinne nicht wie bei Kapitalerträgen mit der Abgeltungsteuer belegt, sondern müssen mit dem persönlichen Steuersatz versteuert werden. Genauso kann man erlittene Verluste durch Kryptowährungen nur mit anderen positiven »Sonstigen Einkünften« und nicht mit Einkünften aus nichtselbstständiger Arbeit, Gewerbebetrieb, Vermietung/Verpachtung und Ähnlichem verrechnen.

Angesichts der derzeit schwierigen Marktphase und teils deutlich eingebrochenen Kurse kann die Verrechnung von jetzigen Verlusten mit zurückliegenden Gewinnen steuerlich sinnvoll sein. Hat man z. B. im Jahr 2022 noch hohe Gewinne in diesem Bereich erzielt und darauf Steuern gezahlt, so kann man jetzt entstandene Verluste aus 2023 mit den damaligen Gewinnen verrechnen lassen und so Steuern erstattet bekommen. Das Ganze nennt sich »Verlustrücktrag« und geht auch andersherum in zukünftige Jahre, was dann als »Verlustvortrag« bezeichnet wird.

Dementsprechend kann es sogar sinnvoll sein, bewusst einen Teil seiner Kryptowährungen zu verkaufen und Verluste zu realisieren, damit du diese in der Zukunft nutzen kannst, um Gewinne damit zu verrechnen und weniger Steuern zu zahlen. Du solltest dir vorab aber natürlich ausrechnen, ob die Gebühren für den Verkauf und die Neuanschaffung nicht höher sind als der mögliche Steuervorteil – realisierst du aber heute z. B. 500 Euro Verlust und sparst dir in Zukunft dann zwischen 12 Prozent bis

45 Prozent Steuern auf 500 Euro Gewinn, so ergibt das ja schon einen Steuervorteil von 60 Euro bis 225 Euro.

Dabei gilt »First-in-first-out«, was bedeutet, dass steuerlich gesehen immer die zuerst gekauften Anteile auch wieder verkauft werden. Man muss also wirklich jeden Kauf und Verkauf genau aufzeichnen unter Angabe der Kryptowährung, der zugrunde liegenden Kurse und Beträge, damit man bei Rückfragen des Finanzamts Auskunft geben kann. Schlimmstenfalls dürfen solche Werte vom Finanzamt auch geschätzt werden – mit daraus möglicherweise resultierenden Steuernachzahlungen.

Für Kryptowährungen gilt aufgrund der mittlerweile klaren Zuordnung wie für die anderen »Sonstigen Einkünfte« aber auch eine Freigrenze von 600 Euro pro Jahr, die du steuerfrei als Gewinn erzielen darfst. Überschreitest du diesen Betrag jedoch, werden die gesamten Gewinne aus diesem Bereich im entsprechenden Jahr steuerpflichtig. Umgehen kannst du das, indem du deinen Kryptowährungsanteil nach dem Erwerb mindestens ein Jahr (Spekulationsfrist) lang hältst und nicht wieder verkaufst. Sämtliche Gewinne hieraus bleiben dann steuerfrei. Ohnehin werden nur tatsächlich durch Verkäufe realisierte Gewinne und Verluste steuerlich betrachtet und keine reinen Kursveränderung im Wallet.

Sämtliche genannte Regelungen gelten allerdings nur so lange, wie es sich nicht um gewerbliches Trading handelt.

Wichtig: Die Regelungen zur steuerlichen Behandlung von Kryptowährungen stehen seit Längerem auf dem Prüfstand. Das Bundesministerium der Finanzen hat zwar mehrere Regelungen in BMF-Schreiben bestätigt, war aber in manchen Bereichen recht unkonkret. Insbesondere die Abgrenzung und Definition, ab wann Trading als gewerblich gilt, wurde weder, was die gehandelten Summen, noch, was die Anzahl der getätigten Trades angeht, festgelegt. Da sich die Regelungen und Gesetze hierzu auch wieder kurzfristig ändern können, nutze bei Bedarf bitte den Aktualisierungsservice über den Link ganz vorne in diesem Buch.

Formular:	Anlage SO
Bereich:	Einheiten virtueller Währungen und/oder sonstige Token
Zeilen:	41–47
Eintragung:	Art, Zeitpunkte An- und Verkauf, Preis und Kosten
Betrag:	wird automatisch errechnet

Steuertipp 62

Riester-Rente

Die Kritik an der staatlich geförderten Riester-Rente und dessen Sparformen wird nicht leiser und immer wieder spricht man sogar von einem »Scheitern der Riester-Rente«. Auch der neue Koalitionsvertrag lässt erahnen, dass es zeitnah wohl zumindest eine Reform dieses Systems geben wird.

Noch gibt es sie allerdings und mit ihr rund 16 Millionen Riester-Verträge. An dieser Stelle soll es nun auch nicht um Sinn und Unsinn der Riester-Rente gehen, sondern um die steuerlichen Auswirkungen.

Derzeit ist es nämlich so, dass man neben den Zulagen, die in den Vertrag fließen, die eigenen Beitragszahlungen steuerlich absetzen kann – und das bis zu einem Betrag von jährlich 2.100 Euro pro Person. Hieraus kann sich dementsprechend ein ansehnlicher Steuervorteil während der Sparphase ergeben, den man auch nutzen sollte, da man in der Rentenphase später die Leistungen zu 100 Prozent mit dem dann gültigen persönlichen Steuersatz versteuern muss. Wer vorne also den Steuervorteil nicht nutzt, dafür aber hinten raus alles versteuern muss, verschenkt Geld.

Da der Staat aber nicht jeden eingezahlten Euro doppelt fördern möchte, werden eventuell erhaltene Zulagen vom Steuervorteil rechnerisch abgezogen. Trägt man in der Steuererklärung z.B. 1.000 Euro als gezahlten Beitrag ein und hätte daraus einen errechneten Steuervorteil von 375 Euro (je nach Steuersatz), aber gleichzeitig im Vertrag auch 175 Euro Grundzulage als Sparer erhalten, dann würde der Steuervorteil vom Finanzamt nur noch die restlichen 200 Euro betragen. Hätte dieselbe Person zusätzlich auch noch eine Kinderzulage in Höhe von 300 Euro für ein 2008 oder später geborenes Kind erhalten, würde sich kein Steuervorteil mehr ergeben.

Formular:	Anlage AV
Bereich:	Angaben zur steuerlichen Förderung von Altersvorsorgebeiträgen
Zeilen:	4–36
Eintragung:	Zulagenberechtigung, beitragspflichtige Einnahmen etc.
Betrag:	Der gezahlte Riester-Beitrag kommt in die gesonderte Anlage »Zusatzangaben für die Steuerberechnung«.

Steuertipp 63

Rürup-/Basis-Rente

Um neben der Riester-Rente auch ein staatlich gefördertes Rentenprodukt zur Altersvorsorge von Selbstständigen und sehr gut Verdienenden einzurichten, wurde die Basis-Rente oder umgangssprachlich ausgedrückt Rürup-Rente eingeführt.

Anders als bei der vorher beschriebenen Riester-Rente hat die Basis-Rente keine eigene steuerliche Sonderstellung bekommen, sondern wird steuerlich genauso wie Beiträge zur gesetzlichen Rentenversicherung behandelt. Daraus folgt, dass die Absetzbarkeit der jetzt eingezahlten Beiträge in der Sparphase und die spätere Besteuerung in der Rentenphase einer Übergangsregelung unterliegen und jährlich ansteigen (siehe Tabelle auf der folgenden Seite). **Achtung:** Ab 2023 sind die gezahlten Beiträge in eine Basis-Rente zu 100 Prozent bis zu den Höchstbeträgen absetzbar!

Vorher war dies nur prozentual möglich, wie z. B. im Steuerjahr 2022, in dem nur 94 Prozent der gezahlten Beiträge in die Rürup-Rente als Vorsorgeaufwendungen absetzbar waren.

Allerdings gibt es auch hier einen Höchstbetrag, der für das Jahr 2022 25.638,60 Euro beträgt. Nimmt man davon die 94 Prozent als absetzbaren Teil, ergibt das maximal einen steuermindernden Betrag von 24.100 Euro, der wiederum das zu versteuernde Einkommen senkt. Je nach persönlichem Steuersatz erhält man also einen ordentlichen Steuervorteil. Für das Jahr 2023 beträgt der absetzbare Höchstbetrag für diesen Bereich 26.528 Euro pro Person.

Wichtig: Die späteren Rentenauszahlungen müssen im Gegenzug versteuert werden.

Jahr	Absetzbarer Anteil	Jahr	Absetzbarer Anteil
2018	86 Prozent	**2022**	94 Prozent
2019	88 Prozent	**ab 2023**	100 Prozent
2020	90 Prozent		
2021	92 Prozent		

Formular: Anlage Vorsorgeaufwand
Bereich: Beiträge zur Altersvorsorge
Zeile: 8
Eintragung: vorgegeben
Betrag: gezahlter Beitrag

Steuertipp 64

Altersentlastungsbetrag

Der Altersentlastungsbetrag wurde für alle Menschen geschaffen, die das 64. Lebensjahr vollendet haben und neben oder vor ihrer Rente noch weitere Einkünfte erzielen. Ist also eine Person älter als 64 Jahre und noch berufstätig oder hat Einkünfte aus einer Vermietung oder eben auch Kapitalerträge, kann sie auf die Summe dieser Einkünfte eine steuerliche Entlastung erhalten. Der Altersentlastungsbetrag begünstigt alle Alterseinkünfte mit Ausnahme von Renten und Pensionen.

Die Höhe des jeweiligen Entlastungsbetrags ist nicht einheitlich, sondern richtet sich immer individuell danach, welches Kalenderjahr auf die Vollendung des 64. Lebensjahres der Person gefolgt ist (siehe Tabelle zum Altersentlastungsbetrag auf der folgenden Seite).

Der mittleren Spalte kann entnommen werden, welcher prozentuale Wert der übrigen Einkünfte steuerfrei bleibt. In der Spalte rechts daneben steht der steuerfreie Höchstbetrag des jeweiligen Jahres. Dieser einmal ermittelte Prozentwert gilt dann ein Leben lang.

Leider wird dieser nicht automatisch von Depotanbietern und Banken berücksichtigt, wenn dort Kapitalerträge anfallen, und du kannst ihn nur im Rahmen der Steuererklärung rückwirkend für ein Steuerjahr beanspruchen. Umso wichtiger ist in einem solchen Fall, eine Steuererklärung anzufertigen und einzureichen, damit du eventuell zu viel abgeführte Abgeltungsteuer vom Finanzamt erstattet bekommst – ein extra Feld gibt es dafür allerdings nicht, dies geschieht dann automatisch.

Altersentlastungsbetrag

Kalenderjahr nach Vollendung des 64. Lebensjahres	Prozent der Einkünfte	Höchstbetrag in Euro
2005	40	1.900
2006	38,4	1.824
2007	36,8	1.748
2008	35,2	1.672
2009	33,6	1.596
2010	32	1.520
2011	30,4	1.444
2012	28,8	1.368
2013	27,2	1.292
2014	25,6	1.216
2015	24	1.140
2016	22,4	1.064
2017	20,8	988
2018	19,2	912
2019	17,6	836
2020	16	760
2021	15,2	722
2022	14,4	684
2023	13,6	646
2024	12,8	608
2025	12	570
2026	11,2	532
2027	10,4	494
2028	9,6	456
2029	8,8	418
2030	8	380
2031	7,2	342
2032	6,4	304
2033	5,6	266
2034	4,8	228
2035	4	190
2036	3,2	152
2037	2,4	114
2038	1,6	76
2039	0,8	38
2040	0,0	0

Steuertipp 65

Arbeitnehmersparzulage

Die Arbeitnehmersparzulage ist eine von vielen staatlichen Förderungen, die du nutzen kannst. Im Rahmen der vermögenswirksamen Leistungen ist sie zwar kein direkter Steuervorteil und wirkt sich auch nicht auf das zu versteuernde Einkommen aus, ist aber dennoch Bestandteil der Steuererklärung. Dort gibt es das entsprechende Feld, um diese Förderung für deinen Sparvertrag zu erhalten.

Erfüllst du dann die Voraussetzungen mit einem berechtigten Vertrag, wie z. B. einem Bausparvertrag oder einem ETF-, Fonds- oder Aktiensparplan, dann fördert der Staat die eingezahlten Beiträge bis zu einer Höchstgrenze wie folgt:

- **Bausparen:** 9 Prozent von maximal 470 Euro für Alleinstehende oder 940 Euro für Ehepaare pro Jahr, ergibt bis zu 43 Euro bzw. 86 Euro.
- **Wertpapier-Sparplan:** 20 Prozent von maximal 400 Euro für Alleinstehende oder 800 Euro für Ehepaare pro Jahr, ergibt bis zu 80 Euro bzw. 160 Euro.

Und die Förderung ist staatlich garantiert. Dennoch solltest du natürlich auch die Vor- und Nachteile des jeweiligen Anlageprodukts beachten.

Wer die maximale Förderung für sich nutzen möchte, kann sogar parallel einen Bausparvertrag und einen Wertpapiersparplan besparen, um beide Förderungen zu erhalten. Generell muss aber solch ein berechtigter Vertrag immer mindestens sieben Jahre laufen und davon sechs Jahre bespart werden, damit die Förderung nicht verloren geht.

Außerdem gelten beim Bausparen 17.900 Euro für Ledige und 35.800 Euro zu versteuerndes Jahreseinkommen für Ehepaare als Einkommensgrenze für die Förderung.

Beim Wertpapier-Sparen liegen die Grenzen bei 20.000 Euro bzw. 40.000 Euro. Hierbei handelt es sich allerdings um das zu versteuernde Einkommen, bei dem Kinderfreibeträge, Werbungskosten, Sonderausgaben und Co. bereits abgezogen sind. So kann sich eine deutlich höhere Grenze für das eigentliche Bruttoeinkommen des Sparers ergeben.

Formular:	Hauptvordruck
Bereich:	Antrag auf Festsetzung der Arbeitnehmer-Sparzulage
Zeile:	34
Eintragung:	vorgegeben bzw. Haken setzen
Betrag:	wird automatisch berücksichtigt

Teil 8: Studium, Ausbildung und Fortbildung

Ein Studium, eine schulische oder betriebliche Ausbildung oder auch eine Fortbildung bringen neben dem Lernaufwand häufig Kosten mit sich. Solche Kosten können steuerlich berücksichtigt werden und dabei helfen, Steuern zu sparen. Neben den tatsächlich entstandenen Kosten gibt es außerdem hilfreiche Pauschalbeträge, die du nutzen kannst. Die allerwichtigste Frage aus steuerlicher Sicht ist hierbei aber immer:

Sind die Kosten und Aufwendungen im Rahmen einer sogenannten **Erstausbildung** entstanden und hat man damit **Geld verdient**?

Handelt es sich also um eine Erstausbildung ohne direkte Einkünfte, so sind die entstandenen Kosten und Pauschalbeträge als Sonderausgaben bis 6.000 Euro pro Jahr in der Steuererklärung absetzbar. Von den Finanzbehörden wird übrigens immer der Begriff »Ausbildung« in diesem Zusammenhang verwendet und nicht nach schulischer bzw. betrieblicher Ausbildung oder Studium unterschieden.

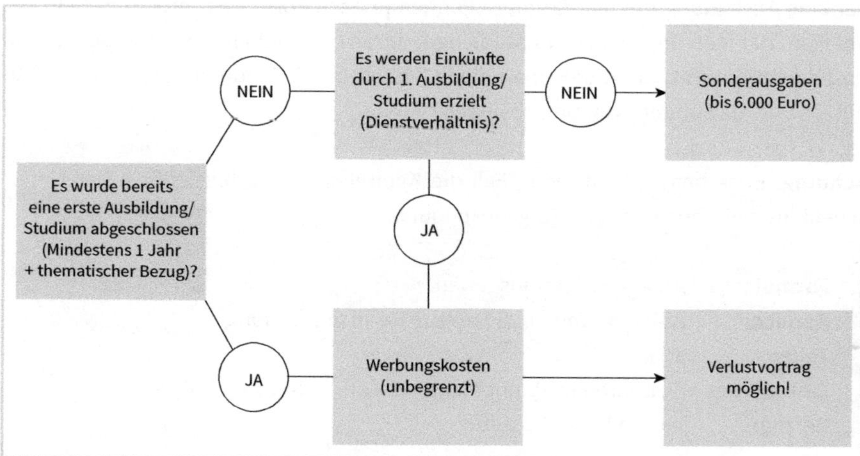

Kosten, die bei der Durchführung einer Erstausbildung mit direkten Einkünften oder im Rahmen einer Folgeausbildung bzw. eines Folgestudiums entstanden sind, zählen hingegen zu den Werbungskosten. Sie wirken sich zwar erst nach Überschreiten des Werbungskostenpauschbetrags in Höhe von 1.200 Euro für das Jahr 2022 bzw. ab 2023 von 1.230 Euro pro Jahr steuerlich aus, sind aber nicht in ihrer Höhe begrenzt und können sogar als Verlust für spätere Jahre angesammelt werden (siehe Steuertipp 74).

Wichtig: Die folgenden Steuertipps habe ich jeweils nach

- **Erstausbildung** (ohne direkte Einkünfte) und
- **Folgeausbildung** (nach abgeschlossener mindestens einjähriger Ausbildung/Studium mit thematischem Zusammenhang oder mit direkten Einkünften)

eingeteilt und verwende dort aus Vereinfachungsgründen nur die jeweilige Kurzform.

Steuertipp 66

Ausbildungs-, Studien-, Semester- und Prüfungsgebühren (Erstausbildung)

Für eine Ausbildung und ein Studium können je nach Form Gebühren und Beiträge anfallen. Hat man Semester- und Studiengebühren oder Geld für eine rein schulische Ausbildung bezahlt, dann darf man diese Kosten in der Steuererklärung steuerlich nutzen und als Sonderausgaben absetzen.

Achtung: Bitte beachte auf jeden Fall die Kapiteleinleitung hinsichtlich der Unterscheidung zwischen Erst- und Folgeausbildung.

Formular:	Anlage Sonderausgaben
Bereich:	Aufwendung für die eigene Berufsausbildung
Zeile:	13
Eintragung:	Gebührenart (Semestergebühren, Prüfungsgebühren etc.)
Betrag:	entstandene Kosten

Steuertipp 67

Ausbildungs-, Studien-, Semester- und Prüfungsgebühren (Folgeausbildung)

Entstehen Gebühren durch eine sogenannte Folgeausbildung oder eine Erstausbildung **mit** Einkommenserzielung (z. B. duales Studium oder betriebliche Ausbildung), so sind die Gebühren unbegrenzt als Werbungskosten absetzbar.

Formular:	Anlage N
Bereich:	Fortbildungskosten
Zeile:	63
Eintragung:	Gebührenart (Semestergebühren, Prüfungsgebühren etc.)
Betrag:	entstandene Kosten

Steuertipp 68

Fahrtkosten (erste Tätigkeitsstätte)

Das wichtigste Unterscheidungskriterium bei den Fahrtkosten, die im Rahmen eines Studiums, einer Aus- oder einer Fortbildung anfallen, ist das Ziel der Fahrt.

Für jede Fahrt zur ersten Tätigkeitsstätte kann man die Entfernungspauschale mit 30 Cent pro km (seit Steuerjahr 2021 ab dem 21. km mit 35 Cent; seit 2022 mit 38 Cent pro km) für die einfache Entfernung (Hinweg) nutzen.

Das Fahrtziel ist bei einem Vollzeitstudium häufig die Universität/Hochschule – wohingegen bei einem dualen Studium oder einer betrieblichen Ausbildung die erste Tätigkeitsstätte vertraglich vereinbart wird und dies dann entweder der Betrieb oder die Universität, Berufs-/Hochschule ist.

Beispiel: Eine Vollzeitstudentin ist innerhalb eines Jahres an 125 Tagen zur Universität (erste Tätigkeitsstätte) gefahren. Die kürzeste Entfernung zwischen ihrem Wohnort und der Uni sind 25 Kilometer. In diesem Fall könnte sie mithilfe der Entfernungspauschale für die Kilometer 1 bis 20 für 125 durchgeführte Fahrten rechnerisch 750 Euro (125 Fahrten × 20 km × 0,30 € = 750 Euro) absetzen. Dazu kommen dann für die Kilometer 21 bis 25 Kosten von 237,50 € (125 Fahrten × 5 km × 0,38 € = 237,50 €). Insgesamt wären also für ihre Wege zur Universität 987,50 € absetzbar.

ERSTAUSBILDUNG

Formular: Anlage Sonderausgaben
Bereich: Berufsausbildungskosten
Zeile: 13
Eintragung: Adresse; Entfernung × Anzahl Fahrten × 30/35/38 Cent pro km
Betrag: tatsächliche Kosten (ÖPNV) oder errechneter Betrag

FOLGEAUSBILDUNG

Formular: Anlage N
Bereich: Fortbildungskosten
Zeile: 63
Eintragung: Adresse; Entfernung × Anzahl Fahrten × 30/35/38 Cent pro km
Betrag: tatsächliche Kosten oder errechneter Betrag

Steuertipp 69

Fahrtkosten (weitere Tätigkeitsstätte)

Fahrten zu den restlichen Orten können sogar mit der Kilometerpauschale als Reisekosten für den **Hin- und Rückweg** mit 30 Cent pro km abgesetzt werden. Seien es also Wege zu Lerngruppen, zur Bibliothek (wenn sich diese nicht direkt in der Uni befindet), zur Berufsschule oder Universität/Hochschule (im dualen System, wenn der Betrieb als erste Tätigkeitsstätte definiert wurde) oder auch Wege im Rahmen eines Praktikums – hier zählt der Hin- und Rückweg und das bei jeder Fahrt. Am besten schreibt man sich frühzeitig alle Fahrten auf und spart so richtig Steuern.

Beispiel: Eine Auszubildende ist innerhalb eines Jahres an 100 Tagen in die Berufsschule (weitere Tätigkeitsstätte) gefahren. Die kürzeste Entfernung zwischen ihrem Wohnort und der Berufsschule sind 25 Kilometer. In diesem Fall könnte sie mithilfe der Kilometerpauschale für **jeden** gefahrenen Kilometer 30 Cent absetzen. Bei 100 Fahrten ergeben sich rechnerisch daraus 1.500 Euro (100 Fahrten × (25 km × 2) × 0,30 Cent = 1.500 Euro).

ERSTAUSBILDUNG

Formular:	Anlage Sonderausgaben
Bereich:	Aufwendungen für die eigene Berufsausbildung
Zeile:	13
Eintragung:	Adresse; Gesamtstrecke × Anzahl Fahrten × 30 Cent pro km
Betrag:	tatsächliche Kosten oder errechneter Betrag

FOLGEAUSBILDUNG

Formular:	Anlage N
Bereich:	Fortbildungskosten
Zeile:	63
Eintragung:	Adresse; Gesamtstrecke × Anzahl Fahrten × 30 Cent pro km
Betrag:	tatsächliche Kosten oder errechneter Betrag

Steuertipp 70

Verpflegungsmehraufwand (Inland)

Es gibt – in Anlehnung an den vorherigen Steuertipp mit der dort beschriebenen weiteren Tätigkeitsstätte sowie neben der Absetzbarkeit der Fahrtkosten – noch eine andere sehr lohnende steuerliche Pauschale, die du nutzen kannst: den Verpflegungsmehraufwand (siehe auch Steuertipp 25).

Für den Verpflegungsmehraufwand gibt es Pauschalsätze, die du anrechnen kannst und die sich an der Abwesenheitsdauer von zu Hause orientieren.

- Bei einer Abwesenheit von mehr als 8 Stunden aufgrund einer Auswärtstätigkeit an einer weiteren Tätigkeitsstätte können 14 Euro pro Tag angesetzt werden. Das kann zum Beispiel an einem langen Berufsschultag, einem Lerntag in der Bibliothek oder in einer privaten Lerngruppe mit Kommilitonen der Fall sein.
- Dauert die Abwesenheit von zu Hause sogar mehr als 24 Stunden, dann sind dafür nach den Pauschalsätzen 28 Euro pro Tag ansetzbar. Umfasst die Abwesenheit sogar mehrere Tage (mit Übernachtung), dann werden für den An- und Abreisetag jeweils 14 Euro und für die Tage dazwischen jeweils 28 Euro berücksichtigt.

Beispiel: Ein Auszubildender ist innerhalb eines Jahres an 100 Tagen zur Berufsschule (weitere Tätigkeitsstätte) gefahren und war an diesen Tagen immer mehr als 8 Stunden von zu Hause abwesend. Dann darf er für 100 Tage jeweils 14 Euro für den Mehraufwand der Verpflegung pauschal absetzen, was in seinem Fall schon 1.400 Euro ausmacht.

ERSTAUSBILDUNG

Formular:	Anlage Sonderausgaben
Bereich:	Aufwendungen für die eigene Berufsausbildung
Zeile:	13
Eintragung:	Anzahl Tage nach Abwesenheitsdauer
Betrag:	Ergebnis (Tage × ansetzbare Pauschalen)

FOLGEAUSBILDUNG

Formular:	Anlage N
Bereich:	Fortbildungskosten
Zeile:	63
Eintragung:	Anzahl Tage nach Abwesenheitsdauer
Betrag:	Ergebnis (Tage × ansetzbare Pauschalen)

Steuertipp 71

Verpflegungsmehraufwand (Ausland)

Neben den für Studierende, Azubis und Personen in einer Fortbildung verfügbaren Pauschalsätzen im Inland gibt es solche Pauschalsätze auch für Auswärtstätigkeiten im Ausland. Besonders Studierende verbringen im Rahmen ihres Studiums eine Zeit im Ausland, um weitere Erfahrungen zu sammeln. Solange hierbei ein direkter Bezug zum Studium bzw. einer beruflichen Fortbildung besteht, können auch solche Auslandsaufenthalte berücksichtigt werden (siehe Steuertipp 26).

Für ein und dieselbe Auswärtstätigkeit im Rahmen des Studiums, der Ausbildung oder eines Lehrgangs ist der pauschale Ansatz des Verpflegungsmehraufwands allerdings auf drei Monate begrenzt. Eine Unterbrechung von z. B. einer Woche lässt diesen Zeitraum wieder neu beginnen. Für das Ausland gelten außerdem andere Verpflegungspauschalen als im Inland. Informationen dazu findest du hier im Buch beim Steuertipp 26 oder auch auf der Webseite des Bundesministeriums der Finanzen. Auf MyBook+ kannst du es dir direkt ansehen.

Beispiel: Ein Student entscheidet sich, für ein achtwöchiges Pflichtpraktikum nach Österreich zu fahren. Er ist insgesamt 56 Tage »auswärts« tätig, wobei der erste und der letzte Tag als An- und Abreisetag gewertet werden. Für Österreich gilt 2023 eine Verpflegungspauschale für diesen ersten und letzten Tag in Höhe von 27 Euro und für jeden ganzen Tag dazwischen von 40 Euro. Für unseren Beispielstudenten wären 2.214 Euro absetzbar (2 Tage × 27 Euro + 54 Tage × 40 Euro = 2.214 Euro).

ERSTAUSBILDUNG

Formular: Anlage Sonderausgaben
Bereich: Aufwendungen für die eigene Berufsausbildung
Zeile: 13
Eintragung: Anzahl Tage nach Abwesenheitsdauer und Land
Betrag: Ergebnis (Tage × ansetzbare Pauschalen der jeweiligen Region)

FOLGEAUSBILDUNG

Formular: Anlage N
Bereich: Fortbildungskosten
Zeile: 63
Eintragung: Anzahl Tage nach Abwesenheitsdauer + Land
Betrag: Ergebnis (Tage × ansetzbare Pauschalen)

Steuertipp 72

Arbeitsmittel und Co.

Für ein Studium, eine Ausbildung oder einen Lehrgang benötigt man häufig bestimmte Gegenstände und Arbeitsmittel. Die Aufwendungen für solche Arbeitsmittel können in der Steuererklärung geltend gemacht werden, wenn sie einen klaren Bezug zum Bildungszweck haben. Gängige Beispiele aus der Praxis sind:

- Druckkosten und Porto
- Büro- und Schreibmaterial
- Fachliteratur
- Büromöbel (wie Schreibtisch, Lampe und Stuhl)
- anteilige Mobilfunk- und Internetkosten (siehe auch Steuertipp 31)

Neben diesen Beispielen ist sicherlich ein Laptop oder PC das häufigste Arbeitsmittel im Studium oder einer Ausbildung.

In der Praxis akzeptieren die Finanzämter eine 50-prozentige studentische bzw. fortbildende Nutzung der Sache. Die Anschaffungskosten für Laptop, PC, Monitor, Maus, Tastatur, Drucker und Scanner sind deshalb meist zu 50 Prozent absetzbar. Alternativ kannst du auch für das jeweilige Arbeitsmittel ein Nutzungstagebuch über drei Monate führen und eigenständig einen prozentualen Anteil deiner Tätigkeiten berechnen. Je nach Studiengang sind auch höhere Pauschalsätze (z. B. 80 Prozent) möglich, wie bei EDV- und informatikbezogenen Aus- und Fortbildungen.

ERSTAUSBILDUNG

Formular:	Anlage Sonderausgaben
Bereich:	Aufwendungen für die eigene Berufsausbildung
Zeile:	13
Eintragung:	Art des Arbeitsmittels (ggf. anteiliger Nutzungswert)
Betrag:	selbst getragene Kosten (ggf. prozentual kürzen)

FOLGEAUSBILDUNG

Formular:	Anlage N
Bereich:	Fortbildungskosten
Zeile:	63
Eintragung:	Art des Arbeitsmittels (ggf. anteiliger Nutzungswert)
Betrag:	selbst getragene Kosten (ggf. prozentual kürzen)

Steuertipp 73

Studienreisen, Auslandspraktika, Auslandssemester

Bei einer längerfristigen Auswärtstätigkeit sollte man neben den Pauschalen für den Verpflegungsmehraufwand steuerlich weitere Kosten berücksichtigen lassen. Addiert ergibt sich je nach Dauer und Ort des Aufenthalts eine ansehnliche Summe. Das beginnt schon mit der Hinfahrt oder Anreise, die mit der Kilometerpauschale (30 Cent je km) oder mit den tatsächlich entstandenen Kosten angesetzt werden kann. Bei Flügen sind übrigens immer nur die tatsächlich angefallenen Kosten berücksichtigungsfähig. Der Rückweg wird wie der Hinweg behandelt und erhöht die absetzbare Summe. Vor Ort gelten dann die jeweiligen Verpflegungs- und Übernachtungspauschalen.

Auch eine doppelte Haushaltsführung kann vorliegen, wenn die Person ihren Wohnsitz in Deutschland behält und regelmäßig dorthin zurückkehrt. Wenn die doppelte Haushaltsführung vom Finanzamt anerkannt wird, können auch die regelmäßigen Heimfahrten abgesetzt werden (dann allerdings nur mit der Entfernungspauschale für eine Strecke).

Schließt man für den Einsatz im Ausland eine spezielle Auslandsreisekrankenversicherung ab, so werden auch diese Kosten häufig akzeptiert. Selbstverständlich kannst du auch die im Ausland angeschafften Arbeitsmittel absetzen, die du vor Ort fürs Studium oder Praktikum gekauft hat. Auch die Zinsen von weiterhin laufenden Studienkrediten und eventuelle Studien- bzw. Semestergebühren bleiben absetzbar. Die Möglichkeiten sind also wirklich groß.

ERSTAUSBILDUNG

Formular: Anlage Sonderausgaben
Bereich: Aufwendungen für die eigene Berufsausbildung
Zeile: 13
Eintragung: jeweilige absetzbare Kostenart
Betrag: tatsächliche Kosten und Pauschalen

FOLGEAUSBILDUNG

Formular: Anlage N
Bereich: Fortbildungskosten
Zeile: 63
Eintragung: jeweilige absetzbare Kostenart
Betrag: tatsächliche Kosten und Pauschalen

Steuertipp 74

Verlustvortrag (Folgeausbildung)

Ergänzend zu den vorherigen Steuertipps und den daraus folgenden steuerlichen Möglichkeiten erkläre ich in diesem Tipp den sogenannten Verlustvortrag. Wie bereits in der Grafik zur Kapiteleinleitung erklärt, kann mit den Kosten für eine Folgeausbildung ein rechnerischer Verlust entstehen, den man tatsächlich in die Folgejahre übernehmen kann. Das ist der Fall, wenn die absetzbaren Werbungskosten die steuerpflichtigen Einnahmen im entsprechenden Jahr übersteigen.

In der Praxis haben viele Studierende und Auszubildende nur geringe steuerpflichtige Einkünfte. Daher können sie die durch die Folgeausbildung entstehenden Kosten im entsprechenden Jahr steuerlich nicht vollständig nutzen, weil sie kaum oder gar keine Lohnsteuer gezahlt haben. Durch den Verlustvortrag kann verhindert werden, dass diese Kosten »verfallen«. Der rechnerische Verlust kann tatsächlich (ähnlich wie bei einer Firma) ins nächste Steuerjahr übernommen werden. Der Verlust kann zudem über den gesamten Zeitraum der Folgeausbildung addiert werden. Startet man dann ins Berufsleben bzw. erzielt später übliche Einkünfte, wird der vorherige addierte Verlust mit diesen höheren Einkünften verrechnet und man spart Steuern.

Sammelst du also z. B. in den zwei Jahren eines Vollzeit-Master-Studiengangs ohne steuerpflichtige Einkünfte (Folgeausbildung) Werbungskosten in Höhe von 8.000 Euro an und startest dann ins Berufsleben mit einem zu versteuernden Jahreseinkommen von 50.000 Euro, werden durch den Verlustvortrag der letzten beiden Jahre nur 42.000 Euro zur Steuerberechnung herangezogen. Eine ledige Person ohne Kinder würde dadurch rund 2.940 Euro Steuern sparen und das mit längst vergangenen Kosten. Es kann sich somit sehr lohnen, auch schon während der Ausbildung oder des Studiums Belege zu sammeln und sich die Fahrten und Tage aufzuschreiben, auch wenn man zu diesem Zeitpunkt noch gar keine Steuern zahlt – alles dank dem Verlustvortrag.

Wichtig: Du musst hierzu für jedes Jahr eine einzelne Steuererklärung einreichen und dann im Folgejahr immer den Haken bei Verlustvortrag auf dem Hauptvordruck setzen. Den anzusetzenden und im letzten Steuerbescheid vom Finanzamt errechneten Betrag trägst du dann in der Anlage Sonstiges und dort in der Zeile 17 ein.

Teil 9:
Kind(er) und Steuer

Ein Kind erhält mittlerweile nach der Geburt automatisch eine eigene Steueridentifikationsnummer – und wird damit ordnungsgemäßes Mitglied unseres Steuersystems. Das mag sehr früh und unromantisch erscheinen, jedoch sind Kinder tatsächlich ab ihrer Geburt steuerpflichtig.

Das Steuerrecht bietet verschiedene Ansatzpunkte, wie die finanziellen Aufwendungen, die durch ein Kind oder mehrere Kinder entstehen, steuerlich berücksichtigt werden können. Einige davon werden automatisch angerechnet – andere müssen im Rahmen der Steuererklärung geltend gemacht werden, um die Vorteile nutzen zu können.

In den folgenden Steuertipps stelle ich die wichtigsten und effektivsten Regelungen vor und zeige, wie man durch ein Kind – neben dem großen Glück und der Liebe, die man erfährt – auch noch einen Steuervorteil erhalten kann.

Steuertipp 75

Kinderfreibetrag oder Kindergeld

Jeder hat schon vom Kinderfreibetrag und Kindergeld gehört. Mit beidem will der Staat Eltern finanziell unterstützen. Was viele aber nicht wissen, ist, dass nur eine der beiden Förderungen in Anspruch genommen werden kann.

- Das Kindergeld wird klassisch jeden Monat ausgezahlt.
- Der Kinderfreibetrag wird bei der Berechnung der Lohnsteuer vom Arbeitgeber oder Dienstherrn bzw. vom Finanzamt bei der Steuererklärung angerechnet. Der Kinderfreibetrag besteht zudem aus zwei Teilen: einmal dem Kinderfreibetrag selbst und zusätzlich dem Freibetrag für den Betreuungs-, Erziehungs- und Ausbildungsbedarf. Umgangssprachlich spricht man allerdings häufig nur vom Kinderfreibetrag und fasst vereinfacht beide zusammen.

Kinderfreibetrag und Kindergeld werden regelmäßig neu festgelegt. Das Kindergeld beträgt seit 2023 pro Kind 250 Euro monatlich. Der Kinderfreibetrag beläuft sich für das Steuerjahr 2023 insgesamt auf 8.952 Euro. Jedem Elternteil steht grundsätzlich ein halber Kinderfreibetrag zu, durch den das zu versteuernde Einkommen jeweils gesenkt wird und die Eltern (je nach Einkommen) weniger Steuern zahlen müssen. Kommt eines der Elternteile allerdings seinen Unterhaltsverpflichtungen zu mind. 75 Prozent nicht nach oder ist er vielleicht schon verstorben, kann der andere Elternteil den vollen Kinderfreibetrag für sich beanspruchen.

Wichtig: Das Finanzamt prüft immer automatisch, ob der Steuervorteil durch den zusammengefassten Kinderfreibetrag oder das erhaltene Kindergeld höher ist. Hat man als verheiratetes Paar mit einem Kind 3.000 Euro Kindergeld bekommen und beträgt der errechnete Steuervorteil durch den Freibetrag z. B. 3.230 Euro, würde tatsächlich nur die Differenz (also 230 Euro) als Steuervorteil berücksichtigt werden.

Formular:	Anlage Kind
Bereich:	Angaben zum Kind
Zeilen:	4–15
Eintragung:	diverse
Betrag:	Identifikationsnummer, Geburtsdatum, Kindergeldanspruch etc.

Steuertipp 76

Entlastungsbetrag für Alleinerziehende

Eine Person, die allein ein Kind oder mehrere Kinder erzieht, kann die anfallenden Kosten meist nicht mit einer anderen Person teilen und hat dadurch auch einen größeren finanziellen Druck.

Das Steuerrecht sieht daher für Alleinerziehende weitere steuerliche Vorteile vor. Neben den Kosten, die also jeder Elternteil absetzen kann, sowie dem in Steuertipp 75 besprochenen Kinderfreibetrag gibt es einen weiteren Freibetrag, den sich Alleinerziehende anrechnen lassen können. Wie so oft in unserem Steuersystem gibt es dafür bestimmte Voraussetzungen. Sind diese erfüllt, wird die betroffene Person allerdings spürbar steuerlich entlastet. Die Voraussetzungen lauten:

- Für das Kind besteht ein Anspruch auf Kindergeld oder Kinderfreibetrag.
- Das Kind wohnt bei der alleinerziehenden Person.
- Es lebt keine weitere volljährige Person mit im Haushalt, z.B. volljährige Kinder, Partner(in), Mitbewohner(in) usw.

Sind alle drei Voraussetzungen erfüllt, steht der Gewährung des Entlastungsbetrags für die alleinerziehende Person nichts im Weg. Der Betrag kann entweder direkt über die Lohnsteuerklasse 2 jeden Monat im Voraus angerechnet werden oder aber die alleinerziehende Person beantragt ihn in ihrer Steuererklärung. So mindert der Entlastungsbetrag das zu versteuernde Einkommen, eine Verrechnung mit anderen Beträgen erfolgt nicht.

Seit dem Steuerjahr 2020 wurde der Entlastungsbetrag zunächst auf 4.008 Euro ab dem ersten Kind angehoben. Ab dem Jahr 2023 beträgt er sogar 4.260 Euro. Für jedes weitere berechtigte und im Haushalt lebende Kind erhöht sich der Betrag zusätzlich um 240 Euro.

Formular:	Anlage Kind
Bereich:	Entlastungsbetrag für Alleinerziehende
Zeilen:	44–50
Eintragung:	Meldezeitraum des Kindes und Zahlung Kindergeld plus Angaben zu den Haushaltsverhältnissen
Betrag:	Entlastungsbetrag wird automatisch berücksichtigt.

Steuertipp 77

Kinderbetreuungskosten

Je nach Alter und Lebenssituation können für die Betreuung eines Kindes Kosten anfallen. Die dafür geleisteten Aufwendungen zählen in der Steuererklärung zwar zu den Sonderausgaben, werden allerdings in der Anlage Kind mit den entsprechenden Eintragungen geltend gemacht.

Dazu zählen u. a. folgende Aufwendungen:

- Beiträge für Kindergarten bzw. Kinderkrippe
- Beiträge für den Hort
- Ausgaben für eine Tagesmutter, Babysitter oder Kinderpfleger

Absetzbar sind allerdings immer nur die Anteile für die tatsächliche Betreuung. Beitragskosten für eine Verpflegung oder Gelder für Ausflüge zählen nicht dazu. Auch Kosten für Nachhilfe, Freizeit und Sport können in der Steuererklärung nicht berücksichtigt werden.

Damit die Kosten abgesetzt werden können, müssen diese Voraussetzungen erfüllt sein: Über die Kosten muss eine Rechnung vorliegen, die Kosten sind per Überweisung bezahlt worden, die Betreuung gilt einem leiblichen Kind, das Kind ist bei den Eltern bzw. dem Elternteil, das die Kosten absetzen will, gemeldet, und das Kind hat das 14. Lebensjahr noch nicht vollendet. Kann sich das Kind aufgrund einer anerkannten Behinderung nicht selbst versorgen und ist die Behinderung vor dem 25. Lebensjahr eingetreten, dann gilt die Altersgrenze nicht.

Als Kinderbetreuungskosten sind übrigens bis zu 6.000 Euro pro Kind und Jahr ansetzbar, wovon zwei Drittel (also bis zu 4.000 Euro) als Sonderausgaben akzeptiert werden und wiederum das zu versteuernde Einkommen senken.

Formular:	Anlage Kind
Bereich:	Kinderbetreuungskosten
Zeilen:	66–72
Eintragung:	Ort der Kinderbetreuung und der Zeitraum
Betrag:	selbst getragene Kinderbetreuungskosten

Steuertipp 78

Kinderbetreuungskosten – Fahrtkostenersatz für Großeltern und Angehörige

Diese Möglichkeit ist erstaunlicherweise relativ unbekannt, obwohl sie Millionen Menschen in Deutschland betrifft und dabei helfen kann, Steuern zu sparen.

In vielen Familien kommt es regelmäßig vor, dass die Großeltern oder andere Angehörige auch mal die Kinderbetreuung übernehmen. Dafür wird dann in der Regel kein Geld gezahlt, sondern aus familiärer Verbundenheit und Gefälligkeit gern der zusätzliche Aufwand geleistet – und Spaß macht es ja hoffentlich auch. In einem solchen Fall ist es aber aus steuerrechtlicher Sicht zusätzlich möglich, zumindest die tatsächlich entstandenen Fahrtkosten z.B. für eine Fahrkarte oder aber häufig noch interessanter pauschal 30 Cent pro gefahrenen Kilometer steuerfrei zu ersetzen. Das Finanzgericht Baden-Württemberg hat hierzu bestätigt (Aktenzeichen 4 K 3278/11): Auch bei einer unentgeltlichen Betreuung durch Familienangehörige können die Fahrtkosten erstattet und als Kinderbetreuungskosten in der Steuererklärung abgesetzt werden. Für den Betreuenden ist die Erstattung wie erwähnt steuerfrei, da es sich um eine Aufwandsentschädigung handelt.

Damit das Finanzamt die Erstattung anerkennt, ist es sinnvoll, eine schriftliche Vereinbarung über die »regelmäßige« Betreuung zu treffen, die entsprechenden Tage mit Entfernung aufzuzeichnen und den Betrag nicht bar, sondern per Überweisung und eindeutigem Verwendungszweck zu tätigen.

Je nach Familienkonstellation kann man damit richtig Steuern über das Jahr hinweg sparen. Nehmen wir mal an, die Großeltern betreuen einmal pro Woche (52-mal im Jahr) das Enkelkind und fahren dafür 35 Kilometer hin und auch wieder 35 Kilometer zurück – dann ergibt sich folgende Berechnung:

104 Fahrten × 35 km × 30 Cent = 1.092 Euro absetzbare Kinderbetreuungskosten

- Davon werden 2/3 einkommensmindernd angerechnet, also 728 Euro.
- Bei einem persönlichen Grenzsteuersatz von z.B. 35 Prozent würde das eine Steuerersparnis in Höhe von 254,80 Euro ausmachen.

Formular:	Anlage Kind
Bereich:	Kinderbetreuungskosten
Zeile:	66
Eintragung:	Fahrtkostenerstattung Großeltern/nahe Angehörige plus Name
Betrag:	errechnete Fahrtkostenerstattung (aus Anzahl der Fahrten × Kilometer × 30 Cent)

Steuertipp 79

Schulgeld

Neben öffentlichen Lehreinrichtungen und Schulen freuen sich private Einrichtungen – wie Waldorf-, Montessori-, Privat- und kirchliche Schulen sowie Internate – über immer mehr Zulauf. Zumeist müssen die Eltern des Kindes ein Schuldgeld bezahlen, was durchaus im vierstelligen, bei Internaten auch im fünfstelligen Bereich pro Jahr liegen kann.

Steuerlich sind diese Kosten ebenfalls als Sonderausgaben absetzbar – die entsprechenden Felder findet man in der »Anlage Kind«.

Wie auch bei den Kinderbetreuungskosten gibt es hier allerdings Einschränkungen, was steuerlich absetzbar ist und in welchem Umfang. Es gilt:

- Für das Kind muss ein Anspruch auf Kindergeld oder Kinderfreibetrag bestehen.
- Absetzbar sind nur Kosten für den Unterricht und die Betreuung, nicht aber für Verpflegung und Unterkunft. (Gerade bei Internaten mit Übernachtungen ist dies ein nicht unerheblicher Teil der Kosten, der nicht absetzbar ist.)
- Der Besuch der Schule führt zu einem allgemein- oder berufsbildenden Abschluss.

Sind die Voraussetzungen erfüllt und berücksichtigt, sind 30 Prozent der entstandenen Kosten als Sonderausgaben absetzbar – bis zu einem Höchstbetrag von 5.000 Euro pro Jahr und Kind.

Ist der Besuch einer speziellen Schulform oder -einrichtung aus therapeutischen Gründen ärztlich empfohlen, kommt auch eine Absetzung als außergewöhnliche Belastung infrage, wodurch dann zwar der zumutbare Eigenanteil abgezogen, aber der restliche Betrag nicht gekürzt oder beschränkt wird.

Formular: Anlage Kind
Bereich: Schulgeld
Zeilen: 55–57
Eintragung: Bezeichnung der Schule
Betrag: selbst getragenes Schulgeld

Steuertipp 80

Ausbildungsfreibetrag (Sonderbedarfsfreibetrag)

Für Eltern von bereits volljährigen Kindern, die nicht mehr zu Hause wohnen, gibt es einen weiteren Freibetrag, der genutzt werden kann, um Steuern zu sparen. Es handelt sich dabei um den »Freibetrag zur Abgeltung des Sonderbedarfs« oder einfacher ausgedrückt den »Ausbildungsfreibetrag«.

Damit dieser Freibetrag gewährt wird, müssen auch hier bestimmte Voraussetzungen erfüllt sein:

- Das Kind ist volljährig,
- es befindet sich in Berufsausbildung und
- es ist auswärtig untergebracht.

Eigene Einkünfte und Bezüge des Kindes (wie Zuschüsse, Ausbildungsgehalt und Ausbildungshilfen) werden auf die Höhe des Ausbildungsfreibetrags nicht angerechnet. Er beträgt bis 2022 pauschal 924 Euro und ab 2023 sogar 1.200 Euro pro Jahr. Der Vorteil dabei: Es müssen keine Einzelkosten mühsam nachgewiesen werden.

Formular:	Anlage Kind
Bereich:	Freibetrag zur Abgeltung eines Sonderbedarfs bei Berufsausbildung eines volljährigen Kindes
Zeilen:	51–54
Eintragung:	Zeitraum und Ort der auswärtigen Unterkunft
Betrag:	Freibetrag wird automatisch berücksichtigt.

Steuertipp 81

Kranken- und Pflegeversicherungsbeiträge des Kindes als Eltern nutzen

Unter gewissen Umständen ist es tatsächlich möglich, dass Eltern die eigentlich vom Kind gezahlten Beiträge zur Kranken- und Pflegeversicherung für sich in der Steuererklärung beanspruchen und damit Steuern sparen. Befindet sich das Kind z.B. in einer dualen Ausbildung, ist es weiterhin bei den Eltern wohnhaft und besteht ein Anspruch auf Kindergeld, dann sollte man die folgende Möglichkeit kennen.

Im Rahmen der dualen Ausbildung werden vom Kind und dessen Arbeitgeber die genannten Sozialversicherungsbeiträge abgeführt und mindern eigentlich als Vorsorgeaufwendungen das zu versteuernde Einkommen des Kindes. Häufig liegt aber die Ausbildungsvergütung (aufs Jahr betrachtet) ohnehin unter dem steuerfreien Grundfreibetrag und das Kind zahlt keine Einkommensteuer, sodass sich kein Steuervorteil durch die Versicherungsbeiträge ergeben würde. Laut Schreiben des Bundesministeriums der Finanzen vom 03.04.2019 können allerdings auch stattdessen die Eltern die Beiträge als Vorsorgeaufwendungen für sich absetzen, obwohl sie diese gar nicht selbst gezahlt haben. Begründet wird das damit, dass die Eltern für das Kind, das bei ihnen wohnt, ja die Verpflegung und auch die Wohnkosten übernehmen.

Man sollte allerdings darauf achten, dass die Beiträge folglich nicht mehr einkommensmindernd beim Kind angerechnet werden und es dadurch eventuell plötzlich doch selbst über den Grundfreibetrag kommt – aber selbst dann wäre der Steuervorteil insgesamt wahrscheinlich größer.

Achtung: Im März 2018 hatte zuvor der Bundesfinanzhof geurteilt, dass dieser Abzug nicht möglich sei, wenn das Kind der Versicherungsnehmer ist. Viele Finanzämter richten sich aber nach dem aktuelleren BMF-Schreiben aus 2019 und lassen dies zu!

Formular:	Anlage Kind
Bereich:	Beiträge zur inländischen Kranken- und Pflegeversicherung
Zeilen:	26–35
Eintragung:	Betrag
Betrag:	selbst getragener Betrag

Steuertipp 82

Unterhaltshöchstbetrag nutzen

Gegenüber dem eigenen Kind sind Eltern in der Regel bis zum Abschluss einer Berufsausbildung oder eines Studiums zum Unterhalt verpflichtet. Je nach Ausbildung oder Studium kann dies durchaus viele Jahre in Anspruch nehmen. Ab dem 25. Lebensjahr entfällt dann zwar der Anspruch auf Kindergeld für die Eltern, dafür können sie eine andere steuerliche Möglichkeit nutzen, die viel Geld sparen kann. Lebt das Kind nämlich noch zu Hause, dürfen Eltern z. B. für das kostenlose Wohnen zu Hause, die Verpflegung und Ähnliches Unterhalt absetzen. Da eine genaue Aufteilung der durch das Kind verursachten Kosten kaum möglich ist, darf man pauschal und ohne Einzelnachweise für das Jahr 2023 insgesamt 10.908 Euro als außergewöhnliche Belastung geltend machen und das ohne dass man tatsächlich direkte Geldzahlungen ans Kind geleistet hat.

Allerdings gelten dafür drei Voraussetzungen:

1. Das Kind darf maximal über ein eigenes Vermögen von 15.500 Euro verfügen.
2. Das Einkommen des Kindes wird ab einem Betrag von 624 Euro jährlich darüber hinaus auf die 10.908 Euro angerechnet.
3. Es darf kein Anspruch auf Kindergeld oder den Kinderfreibetrag für die Eltern bestehen.

Hinweis: Lebt das Kind nicht mehr im selben Haushalt mit den Eltern, sind nur nachweisbare Zahlungen ans Kind berücksichtigungsfähig!

Formular:	Anlage Unterhalt
Bereich:	Angaben zu Unterhaltsleistungen an bedürftige Personen
Zeile:	4–51
Eintragung:	Unterhalt an Kind
Betrag:	Unterhaltshöchstbetrag oder geleistete Zahlungen

Steuertipp 83

Kapital übertragen (Grundfreibetrag/ Sparerpauschbetrag)

Zugegeben, dieser Steuertipp ist auf den ersten Blick sehr speziell und sollte vielleicht auch, wenn es sich um größere Beträge handelt, von einem Steuerberater begleitet werden. Dort aber, wo er zur Lebens- und Vermögenssituation der Beteiligten passt, kann sich dieser Steuertipp richtig auszahlen.

Der Grundfreibetrag (Steuertipp 1) und auch der Sparerpauschbetrag (Steuertipp 57) stehen – rechtlich gesehen – auch dem eigenen Kind bzw. den eigenen Kindern zur Verfügung. Bei einem größeren Vermögen kann es daher sinnvoll sein, wenn ein Teil des eigenen Vermögens auf das Kind bzw. die Kinder übertragen wird.

Zum einen kannst du dadurch den Sparerpauschbetrag in Höhe von mittlerweile 1.000 Euro für Zinsen und Kapitalerträge des Kindes nutzen, zum anderen gilt auch für das Kind und seine Einkünfte der Grundfreibetrag in Höhe von 10.908 Euro im Jahr 2023. Sämtliche Einkünfte bis zu diesem Betrag bleiben von der Steuer befreit. Es fällt also keine Einkommensteuer an und auch nicht die sonst bei Kapitalerträgen übliche Abgeltungsteuer in Höhe von 25 Prozent.

Das Finanzamt kennt natürlich diese Möglichkeit und stellt gewisse Anforderungen:

- Das Konto oder das Depot muss wirklich auf den Namen des Kindes laufen.
- Die Übertragung muss unwiderruflich sein.
- Eltern dürfen nicht über das Geld auf dem Konto bzw. Depot des Kindes verfügen. (Lediglich eine Umschichtung auf ein anderes Konto des Kindes ist als gesetzlicher Vertreter möglich.)
- Nur Übertragungen bis 400.000 Euro sind innerhalb von zehn Jahren steuerfrei.
- Die Schenkung muss rechtswirksam sein, wofür teilweise auch ein Ergänzungspfleger notwendig sein kann.

Eltern müssen sich also der Unumkehrbarkeit der Übertragung bewusst sein.
Wichtig: Bei volljährigen Kindern können laufende Einkünfte und Vermögen des Kindes oberhalb gewisser Grenzen zu Nachteilen bei Kindergeld, BAföG, Riester-Kinderzulage oder Wohngeld führen.

Steuertipp 84

Vorweggenommene Erbfolge (Schenkung)

Erben und Schenken werden rechtlich und steuerlich in Deutschland fast gleich behandelt. Allein im Jahr 2022 wurden in Deutschland laut Statistischem Bundesamt Vermögen in Höhe von 101,4 Milliarden Euro übertragen und deswegen 11,4 Milliarden Euro Erbschaftsteuer an den Staat gezahlt. Je nach Höhe der Vermögensübertragung fallen nämlich Steuern an, die sich nach dem Verwandtschaftsgrad und der Beziehung der Beteiligten richten (siehe Tabellen unten).

So sind Erbschaften oder Schenkungen an den verheirateten Ehepartner zunächst nur bis zu einem Betrag von 500.000 Euro oder an ein (Stief-)Kind nur bis zu 400.000 Euro steuerfrei. Erbt ein unverheirateter Lebensgefährte, sind hingegen nur noch 20.000 Euro des Erbes steuerfrei: Je entfernter der Verwandtschaftsgrad, desto kleiner der Freibetrag, desto höher jedoch die Steuerklasse. Es gibt zwar ergänzend noch Sonderregelungen, z. B. Freibeträge bei Betriebsvermögen, selbst genutzten Immobilien sowie einen Versorgungsfreibetrag je nach Verwandtschaftsverhältnis und Alter des Erben. Das würde aber an dieser Stelle zu weit führen.

Je nach Höhe der Erbschaft bzw. Schenkung und der ermittelten Steuerklasse ergibt sich ein spezieller Steuersatz auf den Betrag (siehe unten Tabelle 2). Die Unterschiede sind dabei ziemlich groß und der Steuersatz kann von 7 Prozent bis zu 50 Prozent betragen. Dieser Steuersatz ist also unabhängig vom persönlichen Steuersatz der Beteiligten und deren Einkommen und wird auch nur auf die genannten Vermögensübertragungen angewendet.

In diesem Steuertipps geht es um die Möglichkeiten, bereits zu Lebzeiten (gerade bei größeren Vermögen) den Erben einen Teil des Vermögens zu schenken. Man bezeichnet dies auch als »vorweggenommene Erbfolge«. Diese Regelung erlaubt, dass man den in den Tabellen aufgeführten Freibetrag eben auch schon zu Lebzeiten in einem Zeitraum von zehn Jahren steuerfrei verschenken darf. Stirbt der Erblasser innerhalb dieser Zeit, wird die Schenkung zwar anteilig rückgerechnet, aber einen Steuerspareffekt hat man selbst dann noch erzielt. Lebt der Erblasser länger und die zehn Jahre sind verstrichen, kann der Freibetrag erneut für eine Schenkung genutzt werden.

Tabelle 1 – Steuerklasse und persönlicher Freibetrag

Steuerklasse	Personenkreis	Freibetrag
I	Ehegatte und Lebenspartner	500.000 Euro
	Kinder, Stiefkinder, Kinder verstorbener Kinder und Stief-kinder	400.000 Euro
	Enkelkinder	200.000 Euro
	Eltern und Großeltern bei Erbschaften	100.000 Euro
II	Eltern und Großeltern bei Schenkungen	20.000 Euro
	Geschwister	
	Neffen und Nichten	
	Stiefeltern, Schwiegereltern	
	geschiedene Ehegatten und Lebenspartner einer aufgehobenen Lebenspartnerschaft	
III	alle übrigen Beschenkten und Erwerber (z. B. Tanten, Onkel, nicht verwandte Personen); Zweckzuwendungen	20.000 Euro

Tabelle 2 – Steuersatz (in Prozent) nach Steuerklasse

Betrag bis	Steuerklasse I	Steuerklasse II	Steuerklasse III
75.000 Euro	7 Prozent	15 Prozent	30 Prozent
300.000 Euro	11 Prozent	20 Prozent	30 Prozent
600.000 Euro	15 Prozent	25 Prozent	30 Prozent
6.000.000 Euro	19 Prozent	30 Prozent	30 Prozent
13.000.000 Euro	23 Prozent	35 Prozent	50 Prozent
26.000.000 Euro	23 Prozent	40 Prozent	50 Prozent
Darüber hinaus	30 Prozent	43 Prozent	50 Prozent

Teil 10:
Selbstständige, Freiberufler und Gewerbebetriebe

Die steuerlichen Möglichkeiten für Firmen, Freiberufler und Selbstständige sind vielfältig. Aus diesem Grund geben die meisten Betroffenen ihre Steuerangelegenheiten an einen Steuerberater ab. Wie in jeder Berufsgruppe gibt es dabei natürlich mehr oder weniger kompetente Berater, und zudem ist es immer gut, selbst ein Grundverständnis für steuerliche Angelegenheiten zu entwickeln und die Funktionsweisen und Möglichkeiten zu kennen.

In den folgenden Steuertipps möchte ich deshalb einige der in der Praxis häufiger vorkommenden Fälle und Möglichkeiten aufzeigen und erklären.

- Was ist die Kleinunternehmerregelung?
- Wie nutzt man Geschenke, um Steuern zu sparen?
- Wie wirkt sich die Wahl der Unternehmensform auf die Gewinnermittlung aus?
- Wie verhält es sich mit Firmenfahrzeugen und dem sogenannten Fahrtenbuch?
- Was sind Sachzuwendungen und die Pauschalsteuer?

Das sind viele Fragen, auf die es in den Steuertipps in diesem Kapitel Antworten gibt. Natürlich können diese Erläuterungen nie eine steuerliche Beratung im Einzelfall ersetzen – jede Firma, jeder Selbstständige und jede Freiberuflerin hat eine andere Ausgangs- und Finanzsituation.

Doch bin ich immer wieder erstaunt, wie häufig diese im Folgenden aufgeführten steuerlichen Möglichkeiten nicht genutzt oder auch falsch verstanden werden. Daher will ich mit diesem Teil des Buches zumindest einen Beitrag zur Aufklärung leisten.

Steuertipp 85

Kleinunternehmerregelung

Mit Waren und Dienstleistungen erzielte Umsätze unterliegen – bis auf ein paar Ausnahmen – der Umsatzsteuer. Neben dem normalen Steuersatz von 19 Prozent gibt es den ermäßigten Steuersatz von 7 Prozent, der z.B. auf gewisse Lebensmittel und Dinge zur Grundversorgung angewandt wird.

Firmen, Selbstständige und Freiberufler müssen also zusätzlich zum eigentlichen Preis der Ware oder der Dienstleistung die Umsatzsteuer in ihren Rechnungen ausweisen und auf den Preis aufschlagen. Das erhöht den Endpreis und bringt Pflichten mit sich wie die regelmäßige Umsatzsteuervoranmeldung gegenüber dem Finanzamt, was zu zusätzlichem Aufwand und ggf. Buchhaltungskosten führt.

Für Firmen und Gewerbetreibende mit geringen Umsätzen gibt es allerdings eine steuerliche Entlastung durch die Kleinunternehmerregelung. Diese darf angewendet werden, wenn der Jahresumsatz im Gründungs- oder Vorjahr kleiner als 22.000 Euro netto war und im laufenden Jahr voraussichtlich nicht über 50.000 Euro netto liegen wird. Wer die Kleinunternehmerregelung für sich nutzen möchte, ist an diese Entscheidung fünf Jahre gebunden und muss in seinen Rechnungen darauf hinweisen.

Neben den erwähnten Vorteilen können dadurch aber auch Nachteile entstehen, denn die sonst bestehende Möglichkeit, eigene, an andere gezahlte Umsatzsteuer selbst abzusetzen bzw. gegenzurechnen, ist damit ausgeschlossen. Gerade bei Geschäften und Tätigkeiten mit hohen Anfangsinvestitionen im Verhältnis zu den Einnahmen verschenkt man damit die Möglichkeit, die für Wareneinkauf, Erwerb einer Geschäftsausstattung, Mieten, Gebühren usw. gezahlte Umsatzsteuer vom Finanzamt als Vorsteuer erstattet zu bekommen.

Es kommt also auf den Einzelfall an, ob sich die Kleinunternehmerregel lohnt. Das sollte im Vorfeld kalkuliert werden.

Wichtig: Die Kleinunternehmerregelung wird umgangssprachlich manchmal mit »Kleingewerbe« oder »Kleinunternehmen« gleichgesetzt, sodass der Eindruck entstehen kann, es handele sich um eine bestimmte Unternehmensform (wie z.B. die GmbH oder GbR eine ist). Das trifft aber nicht zu, es handelt sich lediglich um eine vereinfachende Regel des Umsatzsteuerrechts.

Steuertipp 86

Art der Gewinnermittlung

Um festzustellen, wie viel Steuer eine Firma, gewerbetreibende Person oder ein Freiberufler zu zahlen hat, wird anhand der Geschäftszahlen ein Gewinn ermittelt. Dafür gibt es generell hierzulande zwei verschiedene Verfahren, die jeweils Vor- und Nachteile mit sich bringen können:

1. doppelte Buchführung (u.a. mit Bilanz)
2. Einnahmenüberschussrechnung (EÜR)

Für die Gewinnermittlung ist im Rahmen der doppelten Buchführung grundsätzlich die Bilanz vorgeschrieben. Dafür gelten selbstverständlich besondere Vorschriften. Jeder Vorgang muss in einem bestimmten Kontenrahmen und nach spezifischen Regeln gebucht werden. Das ist für Menschen ohne Vorkenntnisse meist kaum möglich. Die Buchhaltung sowie die Erstellung von Bilanz und Jahresabschluss sind aufwendig und entsprechend kostenintensiv.

Demgegenüber steht die eher einfach gehaltene und leichter verständliche Einnahmenüberschussrechnung. In der Berechnung zieht man seine angefallenen Ausgaben von den erzielten Einnahmen ab. Dadurch wird für das Steuerjahr ein Gewinn (Überschuss) oder ein Verlust errechnet. Diese Zahlen werden bei der Steuererklärung in die Anlage EÜR eingetragen. Die Einnahmenüberschussrechnung bringt weniger Vorschriften und Aufwand mit sich, kann durchaus von Nicht-Profis durchgeführt werden und verursacht in der Regel geringere Buchhaltungskosten. Insbesondere deshalb bevorzugen viele kleine Betriebe oder Selbstständige die EÜR.

Wer darf seinen Gewinn mithilfe der EÜR ermitteln?

- Gewerbetreibende mit maximal 600.000 Euro Umsatz **und** 60.000 Euro Gewinn pro Jahr. Wird der Wert überschritten, muss ab dem nächsten Jahr zur Bilanz gewechselt werden.
- Freiberufler wie z.B. Ärzte, Künstlerinnen, Journalisten, Anwältinnen, Hebammen usw.

Wichtig: Kapitalgesellschaften (z.B. GmbH, UG, AG) sowie OHGs und KGs müssen zwingend die doppelte Buchführung anwenden und eine Bilanz erstellen.

Steuertipp 87

Ort des Gewerbes

Auf Gewinne aus einer gewerblichen Tätigkeit fällt in Deutschland die sogenannte Gewerbesteuer an. Bei der Berechnung der zu zahlenden Steuer wird zunächst ein bundeseinheitlicher Freibetrag von 24.500 Euro in Abzug gebracht. Gewinne bis zu dieser Höhe sind gewerbesteuerfrei.

An dieser Stelle möchte ich nur auf einen entscheidenden Teil (und nicht auf die genaue Berechnungsmethode und den Rechenweg) der Gewerbesteuer in Deutschland eingehen, nämlich auf den Hebesatz. Er wirkt sich wie eine Art Faktor oder Multiplikator aus und beeinflusst damit direkt die zu zahlende Gewerbesteuer des Betroffenen.

Und das Wichtige ist, dieser Hebesatz ist nicht überall gleich hoch in Deutschland, sondern unterscheidet sich von Region zu Region. Die Unterschiede sind sogar recht gravierend, selbst wenn zwei Regionen mit unterschiedlichem Hebesatz nah beieinander liegen. Ein besonderes Beispiel ist dafür die Stadt Leverkusen in Nordrhein-Westfalen, die bewusst einen deutlich geringeren Hebesatz erhebt als die unmittelbar angrenzenden Nachbarregionen. Mit einem Hebesatz von gerade mal 250 zahlt man dort im Verhältnis beim gleichen Gewinn fast 50 Prozent weniger Gewerbesteuer als im benachbarten Köln mit einem Hebesatz von 475. Im nahegelegenen Kreis Erftstadt beträgt der Hebesatz sogar 565. Aufgrund des geringeren Hebesatzes siedeln sich Firmen und Gewerbetreibende aus Nachbarregionen in Leverkusen an.

Es kann also steuerlich gesehen sehr sinnvoll sein, sich frühzeitig zu überlegen bzw. zu recherchieren, wo ein niedriger Hebesatz in der eigenen Region zu finden ist – und dort die eigene Firma oder das Gewerbe zu betreiben. Unter https://www.destatis.de/ stellt das Statistische Bundesamt eine interaktive Karte mit den Hebesätzen aller Regionen kostenlos zur Verfügung. Über den QR-Code kommst du direkt dorthin.

Wichtig: Für Einzelunternehmen und Personengesellschaften wirkt sich der Gewerbesteuer-Hebesatz zwar auch aus, die gezahlte Gewerbesteuer wird aber direkt auf die eigene Einkommensteuer angerechnet und vermindert diese fast im selben Verhältnis. Unterm Strich ist dort der Vorteil dementsprechend nicht so spürbar wie für GmbHs, Aktiengesellschaften und andere juristischen Personen.

Steuertipp 88

Firmenfahrzeug: Fahrtenbuch vs. 1-Prozent-Regel

Früher oder später steht jede Firma und jede selbstständige Person wohl vor der Frage, wie man das eigene Firmenfahrzeug (oder mehrere) steuerlich am besten einstuft und bewertet. Dafür hält das Steuerrecht unterschiedliche Möglichkeiten bereit mit dem Ziel, eine eventuelle private Nutzung von den durch das Fahrzeug entstandenen betrieblichen Kosten abzuziehen.

Zunächst richten sich die steuerlichen Möglichkeiten nach dem Anteil der privaten und betrieblichen Nutzung, wobei man drei Kategorien unterscheidet:

- 0–10 Prozent betriebliche Nutzung = Fahrzeug gehört zum Privatvermögen
- 10–50 Prozent betriebliche Nutzung = Fahrzeug darf privat oder betrieblich zugeordnet werden
- 50–100 Prozent betriebliche Nutzung = Fahrzeug wir dem Betrieb zugeordnet

Wie groß jeweils der Anteil an privater und betrieblicher Nutzung ist, wird anhand eines Fahrtenbuchs ermittelt, das für einen repräsentativen Zeitraum (drei Monate) geführt werden muss. In dem Fahrtenbuch müssen alle Fahrten des Fahrzeugs aufgelistet werden, mit den Angaben zum Datum der Fahrt, dem Anfangs- und Endkilometerstand nach jeder Fahrt sowie dem Grund für die Fahrt. Aus diesen Angaben wird dann ein prozentualer Wert errechnet und das Fahrzeug einer der drei Kategorien zugeordnet.

Wird ein Fahrzeug in eine der beiden Kategorien oberhalb der 10-prozentigen betrieblichen Nutzung eingeordnet, können u. a. die folgenden Kosten absetzbar sein:

- Leasingrate
- Abschreibung nach AfA-Tabelle (bei gekauften oder finanzierten Fahrzeugen)
- Zinsen (bei finanzierten Fahrzeugen)
- Spritkosten
- Reparaturen und Wartungen
- Kfz-Steuer
- Versicherungsbeiträge

Es gibt zwei Wege, um dauerhaft die Nutzungskategorie eines Fahrzeugs zu ermitteln: Da gibt es das bereits erwähnte Fahrtenbuch, das man statt nur für drei Monate auch für sämtliche Fahrten innerhalb eines Steuerjahres führen kann. Aus den Angaben wird die prozentuale Aufteilung für das gesamte Jahr berechnet. Der Prozentwert für die private Nutzung muss dann als fiktive Einnahme gegengerechnet werden – er mindert also aus steuerlicher Sicht die anfallenden Kosten.

Beispiel: Wurde das Fahrzeug zu 30 Prozent privat genutzt und sind Kosten von insgesamt 1.000 Euro monatlich angefallen, so werden bei der Gewinnermittlung die gesamten 1.000 Euro als Betriebsausgaben angesetzt, aber gleichzeitig 300 Euro als Einlage angerechnet, sodass sich insgesamt nur 700 Euro gewinnmindernd auswirken.

Wer nicht alle Fahrten per Hand mühsam aufschreiben oder in einer Tabelle erfassen möchte, kann mittlerweile auch zu digitalen Fahrtenbüchern greifen, die ans Fahrzeug angeschlossen werden und automatisch jede Fahrt mit allen geforderten Angaben aufzeichnen. Später ordnet man nur noch am PC oder sogar per Smartphone-App die Fahrten zu.

Alternativ zur Fahrtenbuchmethode kann man ab einer betrieblichen Nutzung von mehr als 50 Prozent die unterstellte private Mitnutzung pauschal mithilfe der 1-Prozent-Regel errechnen und muss dann kein Fahrtenbuch auf Dauer führen. Dabei werden ein Prozent des Brutto-Listenneupreises des Fahrzeugs und für die Fahrstrecke zur ersten Tätigkeitsstätte 0,03 Prozent monatlich abgezogen bzw. als Einlage angerechnet.

Beispiel: Das Fahrzeug kostet neu 50.000 Euro, dann entfielen 500 Euro für die unterstellte private Nutzung. Ausgangswert für die Berechnung ist übrigens nicht der aktuelle Wert des Fahrzeugs, sondern immer der ursprüngliche Neuwert. Wer das gleiche Fahrzeug also gebraucht für z. B. 30.000 Euro erworben hat, muss dennoch ein Prozent von den 50.000 Euro Neuwert berechnen.

Besonders bei schon etwas älteren Modellen, die ursprünglich einen sehr hohen Neupreis hatten, kann sich das sehr negativ auf die Kosten auswirken. Dazu wird dann wie erwähnt noch die Fahrstrecke vom Wohnort zum Betrieb mit 0,03 Prozent pro Kilometer der einfachen Entfernung angesetzt (unabhängig von der Häufigkeit dieser Fahrten).

Bei einer Entfernung zwischen Wohnort und erster Tätigkeitsstätte von 10 km wären dies zusätzlich 150 Euro (50.000 Euro × 10 km × 0,03 Prozent = 150 Euro). Im schlimmsten Fall bleibt dann nach der pauschalen Anrechnung beider Werte nichts mehr an absetzbaren Kosten übrig.

Steuertipp 89

Firmenfahrzeug: 30-Cent-Methode

Wie im vorherigen Steuertipp erklärt, gibt es unterschiedliche Methoden zur Ermittlung einer anteiligen privaten Nutzung. Bei einer betrieblichen Nutzung zwischen 10 Prozent und 50 Prozent eines Fahrzeugs kann das Fahrtenbuch oder eben auch die 30-Cent-Methode angewendet werden. Es dürfen pauschal 30 Cent für jeden betrieblich bedingt gefahrenen Kilometer angesetzt werden. Für Wege zwischen Wohnort und erster Tätigkeitsstätte können allerdings nur die Entfernungspauschale für die einfache Entfernung mit 30 Cent pro km bzw. ab 2021 35 Cent und ab 2022 38 Cent ab dem 21. Kilometer angesetzt werden. Die betrieblichen Fahrten müssen allerdings korrekt dokumentiert werden (Datum, Strecke, Grund), nicht jedoch die privaten Fahrten. Zudem müssen Einzelbelege (wie Tankquittungen, Rechnungen usw.) nicht gesammelt und aufbewahrt werden.

Die 30-Cent-Methode kann sowohl komfortabler und zudem – je nach Fahrzeug, Fahrzeugwert, den angefallenen Kosten, der betrieblich veranlassten Strecke und dem persönlichen Steuersatz – auch günstiger sein.

Gehört das Fahrzeug zur untersten Nutzungskategorie mit einer betrieblichen Nutzung von maximal 10 Prozent, sind die anderen genannten Methoden ausgeschlossen und es bleibt für die wenigen betrieblichen Fahrten nur die 30-Cent-Methode – und für die Wege zur Betriebsstätte die Entfernungspauschale.

Alternativ dürfte man aber auch statt der Pauschalwerte die tatsächlich entstandenen Kosten pro Kilometer errechnen. Dazu sind aber alle Belege wichtig und es müssen dann die Gesamtkosten durch die im Jahr gefahrenen Kilometer geteilt werden, wodurch sich ein Kostenbetrag pro km ermitteln lässt.

Eine genaue Abwägung der verschiedenen Varianten sollte immer frühzeitig vorgenommen werden, um später – sowohl was die Zuordnung zu den drei genannten Nutzungskategorien und auch deren steuerlichen Bewertungsmethoden betrifft – Unstimmigkeiten mit dem Finanzamt zu vermeiden.

Steuertipp 90

Elektro- und Hybridfahrzeuge: 0,5-Prozent-/0,25-Prozent-Regel

Die Mobilitätswende in Deutschland soll weiter vorangetrieben werden und so wurden neben Förderprämien seitens der Politik auch steuerliche Anreize für die Anschaffung von Elektro- und Hybridfahrzeugen geschaffen. Selbstverständlich gibt es wieder bestimmte Grenzwerte und Vorschriften, die beachtet werden wollen. Wenn diese dann eingehalten werden, muss statt der im Steuertipp 88 genannten pauschalen 1-Prozent-Regel nur ein Satz von – je nach Fahrzeug – 0,25 Prozent oder 0,5 Prozent des Neuwerts als fiktive Einnahme versteuert werden.

Für Fahrten zwischen Wohnort und erster Tätigkeitsstätte sinkt der Wert von 0,03 Prozent je nach Fahrzeug (Einteilung siehe Tabelle) auf 0,0075 Prozent oder auf 0,015 Prozent. Je niedriger diese Einnahme für den privaten Nutzungsanteil ausfällt, umso weniger Steuern muss man dafür bezahlen. Es kann sich also aus steuerlicher Sicht lohnen, ein Fahrzeug mit einem alternativen Antrieb zu wählen.

Beispielrechnung:

Neuwert des Fahrzeugs 50.000 Euro	1-Prozent-Regel = 500 Euro fiktive Einnahme
	0,5-Prozent-Regel = 250 Euro fiktive Einnahme
	0,25-Prozent-Regel = 125 Euro fiktive Einnahme

Abhängig vom Steuersatz der Firma oder der selbstständigen Person kann sich in unserem Beispiel dadurch ein steuerlicher Vorteil von effektiv 150 Euro ergeben (40 Prozent Steuersatz auf 500 Euro = 200 Euro anfallende Steuer oder 40 Prozent Steuersatz auf 125 Euro = 50 Euro anfallende Steuer) plus dem Steuervorteil für die Fahrten zum Betrieb.

Nutzen dürfen dies (gültige Werte ab Steuerjahr 2022):

0,25-Prozent-Regel	0,5-Prozent-Regel
Reine Elektrofahrzeuge bis zu einem Listenneupreis von 60.000 Euro	Reine Elektrofahrzeuge über einem Listenneupreis von 60.000 Euro
	Plug-in-Hybride mit einem CO_2-Ausstoß von weniger als 50 g/km
	Plug-in-Hybride mit einer rein elektrischen Reichweite von 60 km (ab 2025: von mindestens 80 km)

Steuertipp 91

Eigen- und Ersatzbeleg

Bei der ordnungsgemäßen Buchführung gibt es einige wichtige Vorschriften, die du einhalten solltest, damit das Finanzamt später bei einer Prüfung deine Angaben auch nachvollziehen kann und wirklich anerkennt.

Eine der wichtigsten und für viele Firmeninhaber oder Selbstständige auch oft nervigsten Regeln ist dabei wohl: keine Buchung ohne Belege!

Dieser Grundsatz führt regelmäßig intern, aber auch in der Kommunikation mit Steuerberatern und dem Finanzamt zu Unstimmigkeiten. Man sollte dementsprechend im Voraus sämtliche Belege aufbewahren, um spätere Schwierigkeiten zu vermeiden. Im Geschäftsalltag kann es aber natürlich vorkommen, dass gelegentlich ein Beleg nicht mehr auffindbar oder verschwunden ist. In einem solchen Fall besteht ausnahmsweise die Möglichkeit, einen sogenannten Eigenbeleg als Ersatz selbst zu erstellen.

Folgende Punkte sollte dieser beinhalten:

- Aussteller der Rechnung mit vollständiger Anschrift
- Betrag, Zeitpunkt und Nachweis der Zahlung
- Bezeichnung des Artikels/der Dienstleistung
- Grund für das Fehlen des Belegs
- Hinweis auf bei der Zahlung anwesende Zeugen
- Datum und Unterschrift des Eigenbeleg-Ausstellers

Wichtig: Die Angaben müssen plausibel sein und ein Eigenbeleg sollte immer nur als letzter Ausweg verwendet werden, wenn es z. B. nicht möglich ist, eine Kopie des Originalbelegs zu beschaffen, oder der Aufwand dafür unverhältnismäßig hoch wäre.

Die Entscheidung, ob ein Ersatzbeleg anerkannt wird oder nicht, trifft zwar immer der zuständige Sachbearbeiter bzw. das Finanzamt. Bevor man aber keine Buchung erstellen kann und dadurch absetzbare Kosten verschenkt, ist es angeraten, es zumindest so zu versuchen.

Steuertipp 92

Steuerliche Beratung, Buchhaltungs- und Steuersoftware

Egal ob es sich um einen Betrieb oder eine selbstständige Tätigkeit handelt, die Buchhaltung muss gemacht und die Steuererklärung erstellt werden. Manchmal bedarf es auch weitergehender steuerlicher Beratung. Üblicherweise fallen dafür Kosten an. Da die Kosten durch gewerbliche oder freiberufliche Tätigkeit ausgelöst wurden, sind sie folgerichtig als Betriebsausgaben absetzbar und mindern den zu versteuernden Gewinn.

Dennoch ist Vorsicht geboten, denn es sind ausdrücklich nur die Kosten mit betrieblichem Zusammenhang berücksichtigungsfähig. Häufig ermittelt aber der Steuerberater nicht nur den Gewinn und führt die laufende Buchhaltung, sondern erstellt auch gleich die Einkommensteuererklärung für die Inhaberin oder den Inhaber des Gewerbes oder die freiberufliche Person mit.

Der dafür insgesamt in Rechnung gestellte Betrag muss deshalb immer aufgeschlüsselt dargestellt werden und nur die betrieblich bedingten Kosten sind für die Firma als Betriebsausgaben absetzbar. Gleiches gilt für die Kosten einer Buchhaltungs- und Steuersoftware, mit deren Hilfe auch private Steuerbelange erledigt werden können. Dann muss der Betrag ebenfalls aufgeschlüsselt werden und ist selbstverständlich nur anteilig absetzbar.

Wer neben seiner gewerblichen Tätigkeit auch noch anderweitige Einkünfte erzielt, z.B. aus einer nichtselbstständigen Tätigkeit als angestellte Person, der kann unter Umständen die restlichen (auch privat bedingten) Kosten mithilfe der 100-Euro-Grenze absetzen (siehe Steuertipp 40).

Steuertipp 93

Geringwertige Wirtschaftsgüter

Anschaffungs- und Herstellungskosten für Waren, Dienstleistungen, Maschinen, Arbeitsmittel usw. sind aufgrund ihres Zusammenhangs mit der gewerblichen Tätigkeit als Betriebsausgaben absetzbar.

Doch nicht alle Anschaffungen werden steuerlich gleich behandelt. So gibt es nämlich die sogenannten geringwertigen Wirtschaftsgüter, die laut Definition selbstständig nutzbar und beweglich sein müssen und einen Nettoanschaffungsbetrag von 800 Euro nicht überschreiten dürfen. Kosten, die für solche Güter entstanden sind, können direkt im Jahr der Anschaffung als Betriebsausgabe abgesetzt werden.

Alle anderen Güter (unbeweglich oder teurer) müssen hingegen abgeschrieben werden, wodurch die Kosten auf die jeweilige Nutzungsdauer verteilt werden (mehr dazu im Steuertipp 94).

Wichtig: Als steuerliche Entlastung und zur Stimulierung der Wirtschaft darf seit dem Steuerjahr 2021 für Computer-Hardware – also Peripheriegeräte wie Tastatur, Maus, Webcam, externe Speicher, Drucker, Monitore und derartige Bestandteile einer PC-Anlage – unabhängig von der Höhe der Anschaffungskosten eine Nutzungsdauer von einem Jahr angesetzt werden.

Eine weitere Besonderheit ergibt sich in der Praxis häufig bei PCs und Laptops und den ergänzenden Geräten. Steuerlich zählen die mit dem PC angeschaffte Tastatur und Maus, der Drucker und der Scanner als Peripheriegeräte, die nicht ohne den Computer, also nicht selbstständig nutzbar sind. Die dafür angefallenen Kosten müssen dementsprechend den Anschaffungskosten des Computers angerechnet werden.

Steuertipp 94

Abschreibung (AfA – Absetzung für Abnutzung)

Um die Wertminderung von Vermögenswerten, teuren Gütern, Grundstücken und Immobilien steuerlich geltend zu machen und damit Steuern zu sparen, wurde die sogenannte Abschreibung geschaffen. Die Kosten einer Anschaffung sind – anders als bei den geringwertigen Wirtschaftsgütern – nicht sofort in voller Höhe absetzbar, sondern werden über mehrere Jahre verteilt »abgeschrieben«. Die Anzahl der Jahre richtet sich nach der Art des Gegenstandes oder Vermögenswerts und wird in den sogenannten AfA-Tabellen regelmäßig festgelegt.

Ein teurer Aktenschrank für einen Nettobetrag von 3.000 Euro ist ja nicht im Jahr nach seiner Anschaffung plötzlich wertlos und stellt auch nach einigen Jahren immer noch einen gewissen Wert dar. Aus diesem Grund muss man z. B. die Kosten für einen solchen Schrank als Büromöbel auf 13 Jahre verteilen und könnte in diesem Fall für ein ganzes Steuerjahr nur einen Betrag von 230,76 Euro (3.000 € : 13 Jahre = 230,76 € pro Jahr) absetzen. Ein noch beständigerer Stahlschrank hat laut AfA-Tabelle sogar eine Nutzungsdauer von 20 Jahren. Mobilfunkgeräten wird hingegen nur eine steuerliche Nutzungsdauer von fünf Jahren unterstellt.

Das Bundefinanzministerium veröffentlicht regelmäßig die entsprechenden Tabellen auf seiner Homepage. Über den QR-Code kommst du direkt dorthin.

Wichtig: Im Anschaffungsjahr darf die Abschreibung nur zeitanteilig vorgenommen werden. Hast du ein Gut Anfang Juli eines Jahres angeschafft, kannst du für dieses Jahr nur anteilig den halben Wert bzw. 6/12 ansetzen. Bei einer Anschaffung Mitte April musst du die vorherigen drei ganzen Monate abziehen und könntest 9/12 des eigentlichen Abschreibungsbetrags absetzen.

Steuertipp 95

Geschenke an Geschäftspartner und Kunden

Geschenke an Geschäftspartner und Kunden gehören immer noch zum guten Ton in der Geschäftswelt. Damit diese Geschenke aber auch von den Finanzbehörden anerkannt werden, müssen bestimmte Punkte beachtet werden. An oberster Stelle steht dabei die Feststellung, dass Geld im steuerlichen Sinn kein Geschenk ist. Außerdem darf an ein Geschenk keine Gegenleistung geknüpft sein. Und es gelten Wertgrenzen. Die oberste Grenze für ein Geschenk liegt bei einem Betrag von 35 Euro. Der Schenkende kann diese Kosten vollständig als Betriebsausgaben absetzen. Wird die 35-Euro-Grenze pro Person innerhalb eines Jahres auch nur um einen Cent überschritten, entfallen sämtliche Abzugsmöglichkeiten komplett.

In der Praxis anerkannte Geschenke sind z. B.:

- Blumen, Spirituosen und Süßigkeiten
- Gutscheine und Wertkarten
- Theater- und Eintrittskarten
- Schreibgeräte und Kalender (ausgenommen Werbeartikel, das sind Betriebsausgaben, sie fallen nicht unter den Begriff »Geschenk«)

Darüber hinaus kann aber auch ein deutlich teureres Geschenk absetzbar sein, wenn der Beschenkte das Geschenk nämlich ausschließlich betrieblich nutzen kann. Schenkt z. B. ein Arzt seinem Kollegen eine medizinische Fachbuchreihe für 500 Euro oder ein Getränkelieferant seinem langjährigen Kunden (Gastrobetrieb) eine 2.000 Euro teure Gastro-Kaffeemaschine mit Werbelogo, kann auch dies als absetzbares Geschenk gelten und sowohl als Betriebsausgabe als auch umsatzsteuerlich anerkannt werden. Allerdings müssen solche Geschenke angemessen und verhältnismäßig sein.

Wichtig: Handelt es sich beim Beschenkten nicht um eine Privatperson, sondern um ein Unternehmen oder einen Unternehmer, muss der Schenkende dafür eine Pauschalsteuer in Höhe von 30 Prozent plus Solidaritätszuschlag und eventuelle Kirchensteuer ans Finanzamt abführen, sonst stellt der Wert eine steuerpflichtige Betriebseinnahme beim Gegenüber dar. Diese Pauschalsteuer kann der Schenkende wiederum absetzen.

Steuertipp 96

Aufmerksamkeiten (aus betrieblicher Sicht)

Neben den gerade besprochenen Geschenken mit den dazugehörigen Wertgrenzen und Vorschriften gibt es im Steuerrecht auch noch die sogenannte Aufmerksamkeit. Bei einer Aufmerksamkeit darf es sich ebenfalls nicht um Geld handeln. Eine Aufmerksamkeit, die eine Mitarbeiterin oder ein Mitarbeiter erhält, muss immer zusätzlich zum Gehalt gewährt werden. Zudem bedarf es für die Zuwendung einer Aufmerksamkeit eines besonderen Anlasses wie z. B.:

- Geburtstag
- rundes Firmenjubiläum
- Geburt, Einschulung oder Taufe eines Kindes
- Hochzeit
- Beförderung
- Umzug

Achtung: Weihnachten und Ostern sind steuerlich keine besonderen Anlässe!

Sind diese Bedingungen erfüllt, darf eine Aufmerksamkeit maximal 60 Euro pro Anlass kosten. Gibt es in einem Monat zwei oder mehr Anlässe auf einmal, so dürfen theoretisch mehrfach 60 Euro »verschenkt« werden.

Die Kosten für solche Aufmerksamkeiten gegenüber Geschäftspartnern und Mitarbeitern (siehe Steuertipp 7) können komplett als Betriebsausgaben von der Steuer abgesetzt werden. Zudem muss keine Pauschalsteuer in Höhe von 30 Prozent abgeführt werden, um die Aufmerksamkeit steuerfrei für den Empfänger zu machen. Das gilt selbst dann, wenn ein Geschäftspartner oder Unternehmer die Aufmerksamkeit erhält.

Wichtig: Wird der Betrag auch nur um einen Cent überschritten, entfallen die steuerlichen Vorteile.

Steuertipp 97

Sachzuwendungen (bis 10.000 Euro)

Die vielen Vorteile der Sachzuwendungen habe ich aus Sicht der Mitarbeiterinnen und Mitarbeiter bereits in den Steuertipps 3 bis 5 dargestellt. Doch auch für Unternehmen bieten Sachzuwendungen steuerliche Vorteile. Denn die Kosten für Sachzuwendungen sind Betriebsausgaben, auf die keine Steuern und Sozialabgaben erhoben werden. Aber es geht noch weiter: Im Folgenden zeige ich, wie man bis zu 10.000 Euro pro Jahr für Sachzuwendungen nutzen und die Kosten ebenfalls als Betriebsausgabe absetzen kann. Bekanntlich ist die Bedingung: Eine Sachzuwendung darf keine direkte Geldleistung sein, und sie muss zusätzlich zum Lohn gezahlt werden.

Die Sachzuwendung muss grundsätzlich betrieblich veranlasst sein. Und wie bei einem Geschenk an einen Unternehmer (Steuertipp 95) zahlt der zuwendende Betrieb auf den Betrag freiwillig die Pauschalsteuer in Höhe von 30 Prozent plus Solidaritätszuschlag sowie eventuelle Kirchensteuer.

Beispiel: Eine Inhaberin (Gesellschafterin) ist gleichzeitig auch angestellte Geschäftsführerin ihrer GmbH und lässt sich Sachzuwendungen in Höhe von 7.500 Euro innerhalb eines Jahres zukommen. Diesen Betrag muss sie in der Rolle der Geschäftsführerin nicht versteuern und darauf auch keine Sozialabgaben leisten.

Anders als bei den sonst gängigen 50 Euro im Monat muss ihr Betrieb nun aber die Pauschalsteuer abführen (30 Prozent plus Solidaritätszuschlag), was eine Pauschalsteuer von 2.373,75 Euro und eine Gesamtbelastung für die Firma von 9.773,75 Euro bedeutet.

Diesen Betrag kann die Firma ihrerseits vollständig als Betriebsausgaben absetzen und reduziert damit die Gewerbe- und Körperschaftsteuer, was ungefähr ebenfalls 30 Prozent ausmacht und die Gesamtbelastung auf Firmenebene auf nur noch 6.841,62 Euro drückt. Mit einem finanziellen Aufwand für ihren Betrieb von unterm Strich knapp 6.800 Euro hat die Geschäftsführerin, die zugleich Inhaberin ist, es so geschafft, sich selbst steuerfrei 7.500 Euro als Sachwert zukommen zu lassen. Würde sie diesen Betrag hingegen als Lohnbestandteil in Form einer Bonuszahlung erhalten, so müsste der Betrieb durch Lohnsteuer und Sozialabgaben je nach sonstigem Einkommen rund 14.500 Euro aufwenden. Selbst mit der 30-prozentigen Steuerersparnis als Firma hätte der Aufwand dann immer noch rund 10.000 Euro betragen. Insgesamt betrachtet also ein finanzieller Vorteil von 3.200 Euro.

Steuertipp 98

Bewirtungskosten

Ein Geschäftsessen kann bestehende Kunden- und Geschäftsbeziehungen stärken und bei der Gewinnung neuer Kunden helfen – und die Firma dadurch voranbringen. Solange also für ein Essen eine geschäftliche Veranlassung oder ein betrieblicher Bezug besteht, können Kosten für die Bewirtung als Betriebsausgaben abgesetzt werden.

Wie so oft in unserem Steuerrecht muss man aber auch hier sorgfältig sein, sowohl was die Form der Belege als auch die anteiligen Summen angeht. So werden immer nur 70 Prozent der für das Geschäftsessen oder die Bewirtung angefallenen Gesamtkosten wirklich steuermindern akzeptiert bzw. wirken sich steuerlich aus. Anteile für das eigene Essen und Trinken (z. B. des Geschäftsführers, Verkäufers oder Mitarbeiters der Firma selbst) müssen übrigens nicht abgezogen werden.

Zudem gilt der Grundsatz der Angemessenheit. Für den Einzelunternehmer mit einem Jahresumsatz von 40.000 Euro und einem zu versteuernden Gewinn von 19.000 Euro wird ein Geschäftsessen in einem Drei-Sterne-Restaurant für 500 Euro mit einem Kunden deutlich schwieriger abzusetzen sein als für eine Architektin, die für ihr Büro einen Großauftrag im Wert von 700.000 Euro an Land ziehen möchte und dafür die beiden wohlhabenden Bauherrinnen einlädt.

Bewirtungen von Geschäftspartnern, Kunden und Mitarbeitenden auf einer Betriebsfeier werden hingegen nicht auf 70 Prozent gekürzt und sind zu 100 Prozent absetzbar.

Sämtliche Belege in diesem Bereich der Bewirtung sollten eine gewisse Form einhalten und neben den Speisen, Getränken und dem Rechnungsbetrag immer zusätzlich den Ort, den Tag, den Grund und die bewirteten Personen angeben, um vom Finanzamt wirklich akzeptiert zu werden.

Wichtig: Das tägliche Mittagessen des Inhabers ohne klare betriebliche Veranlassung in seinem Lieblingsrestaurant oder am Imbiss zählt zu den Eigenbewirtungen und Kosten der privaten Lebensführung, die nicht als Betriebsausgaben absetzbar sind.

Steuertipp 99

Verlustvortrag

Natürlich möchte man mit einem Unternehmen oder einer freiberuflichen Tätigkeit auch seinen Lebensunterhalt bestreiten oder vielleicht sogar finanziell erfolgreich werden. Leider klappt das aber nicht immer und es kann sein, dass besonders nach einer Neugründung in den ersten Jahren oder aber durch andere Faktoren am Ende des Jahres steuerlich betrachtet ein Verlust steht. Möglicherweise wird so ein Verlust aber auch bewusst im Rahmen eines Investment-Steuersparmodells erzeugt. Oder der Verlust entsteht bei einem Studium bzw. einer Folgeausbildung (siehe hierzu auch die Einleitung zu Teil 8 »Studium, Ausbildung und Fortbildung«). Unabhängig vom Grund für den in der Steuererklärung oder dem Jahresabschluss errechneten Verlust – dieser Wert kann ins nächste Steuerjahr übertragen werden und dann beim Steuersparen helfen.

Beispiel: Ist im vorherigen Steuerjahr ein Verlust von 5.000 Euro und im aktuellen Steuerjahr ein Gewinn oder zu versteuerndes Einkommen in Höhe von 30.000 Euro entstanden, dann wird von diesem Gewinn der mitgenommene Verlust abgezogen. Es sind in diesem Fall nur 25.000 Euro zu versteuern.

Auf diese Weise können Verluste bis zu einer Million Euro komplett, darüber hinaus nur zu 60 Prozent von den anderen Einkünften abgezogen werden. Sollte außerdem der Fall eintreten, dass auch im neuen Steuerjahr wieder ein Verlust erzielt wurde, addieren sich die beiden Werte und können dann wiederum ins folgende Jahr mitgenommen werden. Insgesamt kann man einen Verlust bis zu sieben Kalenderjahre rückwirkend geltend machen.

Wichtig: Der Verlustvortrag wird automatisch vom Finanzamt berücksichtigt, wenn es dazu schon einen Steuerbescheid gibt, in dem ein Verlust festgestellt wurde. Damit aber auch die eigene Steuerberechnung in der elektronischen Steuererklärung einen korrekten Wert anzeigt, kann man den Verlustvortrag in der Anlage »Zusatzangaben für die Steuerberechnung« auch manuell eintragen.

Steuertipp 100

Verlustrücktrag

Ein steuerlicher Verlust kann sowohl in die Zukunft (Vortrag) als auch in die Vergangenheit (Rücktrag) mitgenommen werden und sich dort einkommensmindernd auswirken.

Besonders in den letzten zwei Jahren hat dieser sogenannte Verlustrücktrag eine noch wichtigere Bedeutung bekommen, weil in dieser Zeit auch viele vorher sehr gut laufende Geschäfte und Firmen nun plötzlich Verluste erzielten. Um zumindest steuerlich für Entlastung zu sorgen, wurden die Möglichkeiten, einen Verlust in frühere Geschäftsjahre rückzutragen, ab dem Steuerjahr 2020 deutlich verbessert. Zum einen ist die Summenbegrenzung von einer Million Euro auf zehn Millionen Euro angehoben worden und zum anderen ist der Rücktrag nun bis ins vorletzte Kalenderjahr möglich. Ursprünglich war diese Erweiterung nur für die Jahre 2020 bis 2022 geplant, wurde aber am 23.06.2022 im Rahmen des 4. Corona-Steuerhilfegesetzes dauerhaft eingeführt.

Es gibt einerseits die bereits per Steuerbescheid festgestellten Verluste, die nachträglich in das vorherige Steuerjahr rückgetragen werden können und dann dort die zu versteuernden Einkünfte oder Gewinne reduzieren. Andererseits gibt es dann noch den vorläufigen Verlustrücktrag. Nehmen wir an, der Gewinn lag im Steuerjahr 2020 bei 100.000 Euro. Nun steht der Gewinn oder Verlust für 2021 noch nicht fest, da noch kein Steuerbescheid erstellt wurde. Durch den vorläufigen Verlustrücktrag dürfen nun pauschal aber schon 30 Prozent der vorherigen Einkünfte (30 Prozent von 100.000 Euro = 30.000 Euro) als voraussichtlicher Verlust ins Jahr 2020 zurückgetragen werden. Die zu zahlende Steuer wird dann dort neu berechnet und bezieht sich jetzt nur noch auf 70.000 Euro, wodurch man bereits gezahlte Steuern erstattet bekommt und darüber hinaus auch die Steuervorauszahlungen gesenkt werden. Sollte dann für das Jahr 2021 ein höherer oder niedrigerer tatsächlicher Verlust festgestellt werden, werden die Werte entsprechend korrigiert.

Wichtig: Der Verlustrücktrag wird nicht automatisch vom Finanzamt berücksichtigt und muss beantragt werden. Sollte bereits ein Steuerbescheid für den vergangenen Zeitraum vorliegen, muss dieser entsprechend geändert werden!

Teil 11: Bonus-Kapitel – in 11 Schritten zur Steuererklärung

Schritt 1: Elster-Zugang beantragen

Um deine Steuererklärung anzufertigen und beim Finanzamt einzureichen gibt es unterschiedliche Wege. Die Papierform wird dabei nur noch in absoluten Ausnahmefällen akzeptiert und auch die Software »Elster Formular« zum Installieren wurde gänzlich abgeschafft. Als kostenlose offizielle Variante steht nun Elster-Online zur Verfügung, die über den Browser erreichbar ist und wofür du einen eigenen Log-in beantragen musst. Aus Sicherheitsgründen ist dieser aber nicht sofort nach der ersten Anmeldung freigeschaltet, sondern du erhältst nach ein paar Tagen per Post an deine beim Finanzamt hinterlegte Postanschrift einen Freischaltcode. Außerdem wird dir direkt nach der Beantragung des Zugangs eine Mail geschickt mit einem weiteren Code und einem speziellen Link, die du unbedingt so aufbewahren solltest, dass du sie später zum Freischalten direkt wiederfindest.

Hinweis: Bei der Beantragung des Zugangs kannst du auch gleichzeitig die Zusatzfunktion »Vorausfüllen der Einkommensteuererklärung« mitbeantragen. Warum das superhilfreich ist, erfährst du in Schritt 5 – also bitte gleich mitbeantragen!

Sobald du deinen Brief bekommen hast, klickst du den Link in der Mail an und gibst dort dann beide Aktivierungscodes ein. Anschließend erstellt Elster eine sogenannte Zertifikatsdatei, die du abspeichern musst und die du später bei jedem Login brauchst. Es gibt zwar auch andere Wege für den Login – z. B. über den neuen Personalausweis mit Zusatzfunktionen für die Legitimierung –, aber am gängigsten ist der Weg über die Zertifikatsdatei.

Schritt 2: Die richtige Vorbereitung

Damit du dir bei der Erstellung der Steuererklärung viel Zeit sparen und zudem deine Nerven schonen kannst, hilft die richtige Vorbereitung sehr. Dazu solltest du die wichtigsten Unterlagen vorab raussuchen und griffbereit haben wie z. B.:

- Jahreslohnsteuerbescheinigung(en) des oder der Arbeitgeber(s)
- Nebenkostenabrechnung der Mietwohnung und Handwerkerrechnungen
- Spendenquittungen
- Belege für Aufwendungen wie Berufsausbildung oder Studium, Arbeitsmittel, Bewerbungskosten, beruflich veranlasste Umzüge, Gewerkschaftsbeiträge und Ähnliches
- Schwerbehindertenausweis
- Bescheinigungen über Zinsen, Kapitalerträge und Lohnersatzleistungen
- Ausgaben für Versicherungen, wie Privat- und Kfz-Haftpflicht, zusätzliche Krankenversicherungen, Unfall-, Tod- und Berufsunfähigkeitsversicherungen
- Bescheinigung nach § 92 EStG für einen Riester-Vertrag
- Bescheide und Rechnungen zu Kinderbetreuungskosten

Die Liste an Unterlagen ist natürlich nicht abschließend. Die genannten Unterlagen helfen aber dabei, dass du einen großen Teil der Steuererklärung sofort ausfüllen kannst.

Schritt 3: Steuererklärung anlegen

Nachdem du deinen Elster-Zugang erfolgreich freigeschaltet und deine Unterlagen zusammengetragen hast, geht es jetzt an die Erstellung deiner Steuererklärung. Dazu loggst du dich auf www.elster.de mit deinen Anmeldedaten und der anhand der Aktivierungscodes aus dem Brief und der Anmelde-Mail erstellten Zertifikatsdatei ein und rufst dir links den Bereich »Formulare & Leistungen« auf. Dort findest du die Auswahlmöglichkeiten »Alle Formulare« und wählst anschließend die Kategorie Einkommensteuer aus, sodass nun die »Einkommensteuererklärung unbeschränkte Steuerpflicht (ESt 1A) …« erscheint. Nach dem Anklicken geht es auch direkt los, indem du nun das Jahr auswählst, für das du deine Steuererklärung abgeben möchtest, wobei du unbedingt den nächsten Schritt beachten solltest.

Schritt 4: Daten übernehmen

Die Funktion »Daten übernehmen« hilft dabei, viel Zeit zu sparen. So kannst du, falls du bereits für ein vergangenes Jahr mindestens einmal eine Steuererklärung in Elster Online abgegeben hast, die Daten aus den alten Formularen in die neuen Formulare übernehmen. Elster bietet die Datenübernahme gleich zu Beginn nach der Auswahl des Jahres an.

Achtung: Wenn du Steuererklärungen gleich für mehrere Jahre erstellen möchtest, dann fang am besten mit dem ältesten Jahr an, dann kannst du nämlich die Funktion »Daten übernehmen« ebenfalls nutzen und gleich nach der Steuererklärung für das erste Jahr die Daten in das jeweils nächste Jahr übernehmen.

Natürlich musst du dennoch die eingetragenen Werte überprüfen und anpassen. Dein Einkommen, deine Sozialabgaben, die Höhe der Kapitalerträge und mehr wird sicherlich nicht exakt genauso hoch sein wie im Vorjahr, aber deine persönlichen Daten, Bankverbindung, dein Beruf und Ähnliches hat sich vielleicht nicht verändert. Die Datenübernahme würde ich persönlich also fast immer nutzen an deiner Stelle. So bekommst du nämlich auf den folgenden Seiten von Elster immer direkt angezeigt, wo du das letzte Mal Eintragungen gemacht hast, was zusätzlich einen guten Überblick verschafft.

Schritt 5: Anlagen hinzufügen

Als kleine Hilfestellung bietet dir Elster im nächsten Schritt an, für deine Eintragungen die betreffenden Anlagen auszuwählen. Das kannst du entweder selbst tun, wenn du dich bereits etwas auskennst. Es gibt aber auch den sogenannten Anlagenassistenten, der dir einige Fragen stellt und so herausfiltert, welche Anlagen (Formulare) für dich überhaupt relevant sind. Nur die dich betreffenden Anlagen müssen von dir ausgefüllt werden!

Hier eine kurze Übersicht der häufigsten Anlagen:

- **Anlage N**ichtselbständige – Einkünfte von Arbeitnehmern, Azubis, Beamten, aber auch Pensionen und absetzbare Werbungskosten (wie z. B. Entfernungspauschale für Wege zur Arbeit, Verpflegungsmehraufwand, Homeoffice-Pauschale, Arbeitsmittel, Fortbildungskosten, Kontoführungsgebühren, Gewerkschaftsbeiträge, Reisekosten, Essen und Arbeitsgemeinschaften mit Kollegen, berufliche Umzüge usw.)
- **Anlage G**ewerbetreibende – Einkünfte aus einer gewerblichen Tätigkeit
- **Anlage S**elbstständige – Einkünfte als Freiberufler
- **Anlage R**ente – erhaltene Renten (z. B. gesetzliche Renten, berufsständische Versorgungsleistungen, Basis-/Rürup-Renten, Leistungen aus privaten Rentenversicherungen) und damit verbundene absetzbare Werbungskosten (wie z. B. kostenpflichtige Rentenberatung, Fahrtkosten, Porto- und Telefonkosten, gerichtliche Streitigkeiten rund um Renten usw.)
- **Anlage R-AV/bAV** – erhaltene Renten (z. B. aus Riester-Rente oder betrieblicher Altersvorsorge) und damit verbunden absetzbare Werbungskosten
- **Anlage KAP**italerträge – realisierte Zinsen, Dividenden und Gewinne aus dem Verkauf von Wertpapieren (z. B. Aktien, ETFs, Optionsscheine usw.)
- **Anlage V**ermietung – Einkünfte aus der Vermietung von Immobilien und Grundstücken, aber auch aus Immobiliengemeinschaften oder geschlossenen Immobilien-Beteiligungen
- **Anlage SO**nstige Einkünfte – private Veräußerungen von Grundstücken und Kryptowährungen, erhaltene Unterhaltsleistungen und Zahlungen eines Versorgungsausgleichs
- **Anlage Vorsorgeaufwand** – Beiträge zur Altersvorsorge, zu Kranken- und Pflegeversicherungen, zur Arbeitslosenversicherung und sonstigen Vorsorgeaufwendungen (wie z. B. Haftpflichtversicherungen, eigenständige Berufsunfähigkeitsversicherungen, aber auch Unfall- und Todesfallabsicherungen)
- **Anlage Kind** – Kindergeld, Angaben zum Kinderfreibetrag und dessen Aufteilung, Kinderbetreuungskosten, Entlastungsbetrag für Alleinerziehende, Schulgeld und Ausbildungskosten, Ausbildungsfreibetrag

- **Anlage AV** – Riester-Verträge (Achtung: Gezahlte Beiträge werden im gesonderten Formular »Zusatzangaben für die Steuerberechnung« eingetragen.)
- **Anlage Sonderausgaben** – Spenden, Kirchensteuer, Erstausbildungskosten, gezahlter Ehegattenunterhalt
- **Anlage Außergewöhnliche Belastungen** – Pflege- und Behindertenpauschbetrag, aber auch Kosten für Medikamente, Pflegekosten, Unterhalt, Zahnersatz, Sehhilfen usw.
- **Anlage Haushaltsnahe Aufwendungen** – Dienstleistungen aus der Betriebskostenabrechnung, Minijobber im Haushalt und Handwerkerleistungen

Schritt 6: Bescheinigungen abrufen

Die Steuererklärung per Knopfdruck automatisch erledigen zu lassen klingt vielleicht nach einem Traum, geht aber zu einem großen Teil wirklich. Zusammen mit dem Aktivierungscode für den Elster-Zugang hast du – wenn in Schritt 1 mitbeantragt – per Post auch einen zusätzlichen Code für den Abruf von Bescheinigungen erhalten. Diese Bescheinigungen kannst du nun abrufen – und nein, du bekommst jetzt keine Bescheinigungen zum Ausdrucken angezeigt, sondern es werden Daten digital beim Finanzamt abgerufen. Denn viele Daten erhält das Finanzamt ohnehin direkt vom Arbeitgeber, Dienstherrn, von Versicherungsgesellschaften und anderen Anbietern und genau diese Daten kannst du selbst abrufen und automatisch an den richtigen Stellen einfügen lassen. Das spart viel Zeit und vermeidet Falscheintragungen und Zahlendreher beim Ausfüllen.

Das ist neben der Datenübernahme aus Schritt 4 die zweite Funktion, die man unbedingt nutzen sollte. Deine Werbungskosten, die zum Steuersparen so wichtig sind, und etliche andere Angaben musst du aber leider weiterhin selbst in die entsprechenden Anlagen eintragen, da sie immer individuell sind.

Schritt 7: Startseite des Formulars

Jetzt beginnt das individuelle Ausfüllen deiner Steuererklärung auf der sogenannten »Startseite des Formulars«. Dort kannst du auswählen, ob du nur eine Einkommensteuererklärung einreichen möchtest oder ob es dir auch um die Festsetzung der Arbeitnehmersparzulage und gewisse andere Feststellungen geht. Nun kannst du die persönlichen Daten aus deinem Profil eintragen lassen, wodurch z.B. deine Steuernummer automatisch ausgefüllt wird. Solltest du noch keine Steuernummer zugeteilt bekommen haben, dann kannst du aber auch stattdessen in der Zeile darunter »Neue Steuernummer beantragen« auswählen und gibst dann nur noch an, welches Finanzamt für dich zuständig ist. Mit dem später vom Finanzamt ausgestellten Steuerbescheid erhältst du dann eine Steuernummer mitgeteilt. Dabei handelt es sich übrigens nicht um deine steuerliche Identifikationsnummer, welche mittlerweile jeder mit Geburt zugeordnet bekommt, das wird gern verwechselt. Die Steuernummer kannst du immer am Aufbau an den Schrägstrichen erkennen (Beispiel: XX/XXX/XXXXX).

Schritt 8: Hauptvordruck

Der Hauptvordruck bildet die Grundlage für deine Steuererklärung. Dort werden u.a. deine persönlichen Daten, deine Steueridentifikationsnummer, der ausgeübte Beruf, deine Bankverbindung (ganz wichtig für die Auszahlung einer möglichen Steuererstattung), die gewünschte Veranlagungsart bei Ehegatten und Lebenspartnerschaften und auch erhaltene Lohnersatzleistungen (Krankengeld, ALG I, Elterngeld, Kurzarbeitergeld und Co.) abgefragt. Außerdem finden sich dort auch die Angaben zur Religionszugehörigkeit. Zudem kann dort der Haken gesetzt werden, um die Arbeitnehmersparzulage zu beantragen. Dieser Haken ist ausreichend, da das Finanzamt die restlichen Daten bereits vom jeweiligen Anbieter elektronisch übermittelt bekommt.

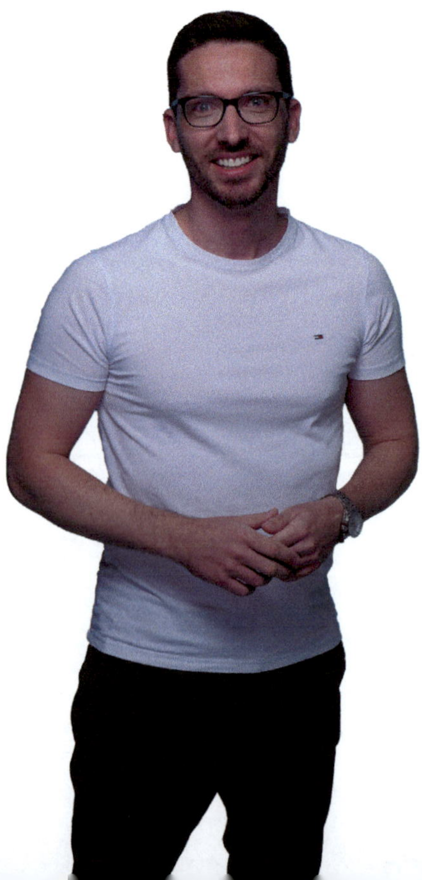

Schritt 9:
Anlagen ausfüllen/ergänzen

Die Grundlage für die Steuerklärung wurde nun mit dem Hauptvordruck geschaffen. Nun gehst du die in Schritt 5 ausgewählten Anlagen einfach durch. Auf meinem YouTube-Kanal »FinanzNerd« veröffentliche ich übrigens jedes Jahr konkrete Anleitungsvideos zu den gängigsten Anlagen der Steuererklärung in Elster und gebe dort eine entsprechende Hilfestellung dazu.

Sollte noch eine für dich wichtige Anlage fehlen oder möchtest du eine doch nicht benötigte Anlage entfernen, dann kannst du das unten links über den Button »Anlagen hinzufügen/entfernen« ändern. Dazu setzt du einfach den Haken neben der Anlage oder entfernst ihn und gehst wieder unten auf »Weiter«

Schritt 10: Prüfen und berechnen

Schon während des Ausfüllens prüft Elster die Daten auf Fehler und auf fehlende Angaben in den Formularen. Das geschieht automatisch, wenn du von einer zur nächsten Seite wechselst. Du kannst die Daten aber auch selbst jederzeit prüfen lassen, indem du den Reiter »Prüfen und Steuer berechnen« auswählst, dann werden die Daten geprüft und Fehler, die die Software erkennt, angezeigt. Liegen keine Meldungen mehr von Elster vor, die zu beheben sind, dann findest du im selben Reiter das Ergebnis deiner Steuerberechnung und du kannst dort ablesen, wie hoch deine Erstattung oder eine mögliche Nachzahlung voraussichtlich wird. Du kannst dir zudem auch den Rechenweg übersichtlich anzeigen lassen und als PDF abspeichern, wenn du das für deine Unterlagen haben möchtest.

Schritt 11: Abschicken

Wenn dann alles passt und du keine Änderungen an deinen Angaben mehr vornehmen möchtest, kannst du auf den Reiter »Versenden des Formulars« klicken und bekommst anschließend noch einmal eine Zusammenfassung angezeigt, die du auf Richtigkeit überprüfen solltest. Wenn du eine Angabe ändern möchtest, dann musst du nicht mühselig zurückgehen und in der Steuererklärung danach suchen, sondern du klickst einfach auf die entsprechende Angabe und bestätigst die Rückkehr zum »Eingabemodus«. So kommst du ohne Umwege direkt zum richtigen Feld in deiner Steuererklärung.

Wenn das alles vollständig und zu deiner Zufriedenheit erledigt ist, kannst du die Steuererklärung nun elektronisch ans Finanzamt verschicken. Du musst danach nichts weiter ausdrucken, nichts unterschreiben und auch nichts per Post verschicken, da du dich bereits bei deiner Beantragung des Zugangs durch die Mail und den Brief legitimiert hast. Nun heißt es drei bis acht Wochen warten, dann trifft in der Regel der Steuerbescheid ein – doch damit nicht genug!

Schritt 12: Steuerbescheid prüfen

Einen ganz wichtigen Schritt, den viele nicht machen und damit möglicherweise Geld verschenken, ist Schritt 12: »Steuerbescheid prüfen«. Schätzungsweise jeder dritte Steuerbescheid enthält Fehler und ab und an werden Kosten oder Eintragungen von dir seitens des Finanzamts im ersten Schritt nicht anerkannt und du erhältst weniger Erstattung – einfach weil das System gewisse Angaben nicht für plausibel hält. Damit muss es aber absolut nicht recht haben. Deshalb lies dir bitte unbedingt deinen Steuerbescheid durch, vergleiche ihn mit den Daten, die du eingereicht und dir abgespeichert hast und beachte vor allem die letzte Seite. Dort findest du die Punkte, die abweichen, und auch die Begründung des Sachbearbeiters dazu.

Wichtig: Denk immer daran – das Finanzamt hat nicht immer recht und du kannst, wenn du etwas begründet anders siehst, innerhalb eines Monats nach Erhalt des Bescheids schriftlich Einspruch einlegen. Es geht immerhin um dein Geld!

Schlusswort – mein Wunsch an dich

Das waren 100 meiner persönlichen Lieblingssteuertipps, die dir in Zukunft dabei helfen können, schneller deine Steuererklärung zu erstellen und im Idealfall weniger Steuern zahlen zu müssen.

Natürlich gibt es in der Welt der Steuern noch viele weitere wissenswerte Informationen, die beim Steuersparen helfen können, es aber nicht in dieses Buch geschafft haben. Wenn du in Zukunft weitere Informationen zum Thema Steuern und auch zu anderen finanziellen Bereichen kostenlos erhalten möchtest, dann folge mir doch gern auf meinem YouTube-Kanal »Finanznerd« und auf TikTok, Instagram und Facebook. Alle Kanäle kannst du über die QR-Codes erreichen. Auf allen Kanälen findest du regelmäßig neue Videos und ganz konkrete Anleitungen zu vielen Punkten aus diesem Buch und wichtigen Themen rund um deine Finanzen und die Steuererklärung.

YouTube

Instagram (@FinanzNerd)

TikTok

Facebook

Es würde mich freuen, dich und deine Finanzen in Zukunft weiterhin unterstützen zu dürfen.

Da ich aus eigener Erfahrung weiß, wie undurchsichtig und verwirrend die Welt der Steuern sein kann, habe ich ganz bewusst versucht, auf Fachbegriffe zu verzichten und jeden Tipp so kompakt und verständlich wie möglich darzustellen. Aus diesem Grund kann es an der einen oder anderen Stelle sein, dass erwähnte Regelungen und Randinformationen nicht bis ins letzte Detail dargestellt sind oder auch mal Sonderregelungen weggelassen wurden. Außerdem beruhen die Daten und Werte aus diesem Buch auf den aktuellen Regelungen zum Redaktionsschluss im Oktober 2023 und es sind auch schon die bis jetzt beschlossenen Neuerungen für das Steuerjahr berücksichtigt. Jedes Jahr ändern sich Werte und auch die Formulare in der Steuererklärung, sodass es durchaus möglich ist, dass gewisse Eintragungen jetzt anders gemacht werden als in den vorherigen Jahren. Nutze unbedingt auch den Aktualisierungsservice (siehe erste Buchseite), um Veränderungen und neue Werte auf einer übersichtlichen Homepage kostenlos angezeigt zu bekommen.

Nun hoffe ich, dass für dich viele wertvolle Tipps dabei waren und du vielleicht sogar mit frohem Mut an deine nächste Steuererklärung herangehen kannst – es lohnt sich!

Stichwortverzeichnis

V

W

Z

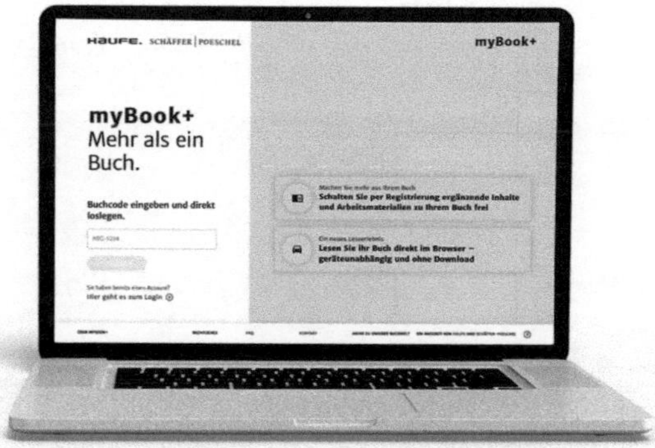

Ihre Online-Inhalte zum Buch: Exklusiv für Buchkäuferinnen und Buchkäufer!

► **https://mybookplus.de**

► Buchcode: `QEI-52011`

PI11029405

7954546